A Última Impressão é a que Fica

Dados Internacionais de Catalogação na Publicação (CIP)
(Câmara Brasileira do Livro, SP, Brasil)

Figueiredo, Celso
A última impressão é a que fica / Celso Figueiredo. –
São Paulo : Thomson Learning, 2007

Bibliografia.
ISBN 85-221-0554-5

1. Bordões 2. Campanhas publicitárias
3. Marketing 4. Propaganda 5. Publicidade
6. Redação publicitária 7. Slogans I. Título.

06-9311 CDD-659.113

Índices para catálogo sistemático:
1. Redação publicitária : Campanhas publicitárias :
Publicidade : Administração 659.113

A Última Impressão é a que Fica

Celso Figueiredo

THOMSON

Austrália Brasil Canadá Cingapura Espanha Estados Unidos México Reino Unido

THOMSON

Gerente Editorial:
Patricia La Rosa

Editora de Desenvolvimento:
Danielle Mendes Sales

Supervisor de Produção Editorial:
Fábio Gonçalves

Supervisora de Produção Gráfica:
Fabiana Alencar Albuquerque

Copidesque:
Andréa Pisan

Revisão:
Maria Alice da Costa

Editoração Eletrônica e Pesquisa Iconográfica:
Megaart Design

Capa:
Gabinete de Artes

Impresso no Brasil.
Printed in Brazil.
1 2 3 4 07 06 05

Janeiro de 2007.

Condomínio E-Business
Rua Werner Siemens, 111
Prédio 20 – Espaço 3
Lapa de Baixo
05069-900 – São Paulo – SP
Tel.: (11) 3665-9900
Fax: (11) 3665-9901
sac@thomsonlearning.com.br
www.thomsonlearning.com.br

Dados Internacionais de Catalogação na Publicação (CIP) (Câmara Brasileira do Livro, SP, Brasil)

Figueiredo, Celso
A última impressão é a que fica / Celso Figueiredo. – São Paulo : Thomson Learning, 2007

Bibliografia.
ISBN 85-221-0554-5

1. Bordões
2. Campanhas publicitárias
3. Marketing
4. Propaganda
5. Publicidade
6. Redação publicitária
7. Slogans
I. Título.

06-9311 CDD-659.113

Índices para catálogo sistemático:
1. Redação publicitária : Campanhas publicitárias : Publicidade : Administração 659.113

Aos meus amores
Ana Luiza,
Lucas e Gabriel

Sumário

Prefácio

O Justo Meio

Durante anos, o ensino da Publicidade no Brasil foi vítima de uma falsa dicotomia que pode ser resumida na frase "quem sabe faz, quem não sabe ensina", repetida por dezenas de profissionais consagrados no mercado, mas sem conhecimento formal da área.

A partir de meados da década de 1990, a abertura da economia, o avanço da informatização e a globalização passaram a exigir maior sofisticação e profundidade dos serviços oferecidos pelas agências. O foco dos clientes não era mais somente a campanha memorável, mas o resultado dela, sua contribuição para a marca e para o balanço da empresa. Foi nesse momento que profissionais e acadêmicos descobriram a força do diálogo. Uma aproximação difícil, cheia de idas e vindas, à qual Celso Figueiredo, o Keko, tem dedicado boa parte de seus esforços nos últimos anos. Este livro representa mais um avanço na direção desse entendimento. Ao mostrar quanto a prática pode se beneficiar da teoria, e quanto a teoria se aperfeiçoa com a prática, ele aponta os possíveis desafios, e alguns caminhos, para a comunicação mercadológica no século XXI.

Keko desmonta, para depois remontar, o árduo caminho que transforma um anúncio em elemento duradouro no imaginário popular. "Campanha", é bom lembrar, é um termo que, apesar das suas 1001 utilidades, tem sua origem na guerra. Na guerra pela atenção do consumidor contemporâneo, não adianta se lançar desvairadamente no campo de batalha. É preciso método, é preciso estratégia, é preciso disciplina. Três elementos que estão presentes neste livro.

Ao focar sua análise na assinatura de uma campanha, Celso chama nossa atenção para o fato de que não basta a centelha inicial da criatividade para vencer a batalha. Ele vai para as trincheiras e mostra a evolução do bordão ao longo do tempo em diversas campanhas memoráveis, e a crescente sofisticação do próprio "fazer publicitário" no Brasil. Keko não veio até aqui para beber, muito menos para conversar, mas para demonstrar como se faz o diálogo entre marca e consumidor, entre mercado e academia, e entre todos aqueles que procuram contribuir para a reflexão sobre esse importante segmento da economia e da contemporaneidade que é a comunicação publicitária.

Enfim, deixo-o com Keko e suas bonitas camisas (veja a foto na orelha do livro). Até porque, no final das contas, este prefácio "não é assiiim... uma Brastemp".

Marcelo Coutinho
Diretor Executivo do Ibope Inteligência e
Professor da Fundação Cásper Líbero

Introdução

Vivemos dias incríveis. O indócil mundo da publicidade, camaleão da persuasão, passa por um processo de intensa mudança. Por anos, agências e seus criativos jogaram suas fichas no inefável mundo da criatividade. Agências, clientes, consumidores e fornecedores aplaudiram entusiasticamente idéias criativas, boas piadas, comerciais emocionantes ou chocantes, brilho, luz e cor embalados por *jingles* inspirados. Por anos, a criação brilhou, às vezes mais que o próprio anunciante, em centenas de prêmios, festivais e concursos. A propaganda brasileira chegou a ficar entre as melhores do mundo, agências e criativos foram nomeados os melhores do planeta, elevando seus egos e ganhos em níveis estratosféricos.

Se pudéssemos nomear uma agência que deu início a esse processo de valorização da criatividade em publicidade, essa agência seria a DPZ, a mãe de todas as agências criativas do Brasil. O impulso foi dado ao mundo da criação pelos três sócios da agência mais seu mais famoso redator, Washington Olivetto, responsável por um salto qualitativo que lançou a atividade em uma era de 30 anos de sucesso e crescimento ininterruptos.

No limiar do milênio, contudo, o modelo baseado na surpresa criativa começou a dar mostras de esgotamento. Não que o arrefecimento do furor criativo tenha ocorrido apenas no departamento de criação das agências. Continua-se a buscar soluções interessantes e instigantes a cada *job*, a cada *briefing*. Entretanto, o aumento do número de concorrentes, resultado do processo de abertura de mercado, por um lado, e a ampliação das opções de mídia e o crescimento exacerbado do número de veículos disponíveis, por outro, diluíram o poder de comunicação que vinha, desde a década de 1940, sustentando-se nas teorias de comunicação de massa desenvolvidas, entre outros, pelos teóricos da Escola de Frankfurt. O modelo baseado em meios de comunicação de massa com grande abrangência e alcance, atingindo milhões de consumidores a cada estocada publicitária, começou a esgarçar-se na medida em que os consumidores não puderam mais ser tratados como um todo, como massa. Técnicas de pesquisa evoluíram e, aos poucos, demonstraram que, cada vez mais, o desejo dos consumidores estava diretamente relacionado a seu estilo de vida, ao grupo social ao qual pertenciam, à sua visão de mundo e às suas escolhas de lazer. A própria evolução das técnicas de aferição do meio confirmou a derrocada de todo um modo de fazer publicidade.

Do ponto de vista dos anunciantes, iniciou-se uma onda de rejeição à criatividade, ou pelo menos ao que se chamou criação vazia, voltada exclusivamente para a conquista de prêmios. Anunciantes que antes apoiavam e festejavam as conquistas em festivais começaram a se sentir usados por suas agências que produziam peças criativas, inteligentes, mas totalmente desvinculadas do posicionamento da marca anunciante. A sacada tornou-se mais importante que o resultado da comunicação das marcas, e quem pagava a conta, o anunciante, começou a ficar, justificadamente, insatisfeito.

Como conseqüência, vimos uma tendência pragmática na qual se buscou, por todos os meios, produzir publicidade exclusivamente focada em vendas e em resultados palpáveis; esqueceu-se, ou relevou-se, o princípio fundamental da atividade no qual é impossível relacionar diretamente propaganda com vendas, já que a ação da publicidade é muito mais abrangente e interfere na construção das marcas e na valoração dos produtos, não apenas nos resultados de vendas.

Essa insegurança básica do processo publicitário acabou por contribuir para uma onda de restrição dos investimentos em publicidade em benefício de outras ferramentas de comunicação, em especial marketing de relacionamento e promoção de vendas. O anunciante passou a buscar respostas aferíveis para seus investimentos em comunicação. Mesmo sua comunicação publicitária ganhou um indisfarçável tom varejista, *hard sell*, que, em longo prazo, só fez desvalorizar marcas e produtos. Diante dessa sinuca estratégica, houve diversas tentativas buscando uma solução, entre elas a do sempre ousado e inovador publicitário Nizan Guanaes que, ao fundar sua nova agência, a Africa, propôs, entre outras mudanças de modelo de negócios, que a empresa não concorreria em festivais publicitários. Outras agências procuraram enriquecer seu modelo de atuação oferecendo o que passou a se chamar *full service*, ou seja, ampla gama de serviços. Além da propaganda, essas agências montaram departamentos ou agências afiliadas de promoção de vendas, Internet, marketing direto, marketing esportivo, eventos etc. ...

A desvalorização das marcas que apostaram de forma excessiva em comunicação voltada exclusivamente para vendas passou a ser percebida pelos anunciantes. Diante dessa situação, a nova tábua da salvação passou a ser o *branding*, estratégia de comunicação integrada em que todas as ferramentas são coordenadas pela marca que estabeleceria, em última análise, vínculos emocionais com seus consumidores, criando assim um processo de diferenciação entre concorrentes. Mais uma vez, assistimos a um uso intensivo, extensivo e exagerado dessa nova tendência. O que parecia uma grande solução para diferenciar marcas, com a criação de personalidade para elas, passou a ser não mais que séries e mais séries de comerciais ditos emocionais, que mostravam famílias felizes, casais apaixonados, crianças fofinhas, ou seja, a simplificação da compreensão do processo de criação dos vínculos emocionais levou agências e anunciantes a repetir comerciais cuja estratégia de comunicação apostava em emocionar consumidores, nada além disso.

Ao mesmo tempo que o *status quo* do negócio foi colocado em xeque, milhares de jovens encantados com o *glamour* próprio da atividade inscreveram-se em universidades, faculdades, centros universitários, cursos técnicos e livres sobre as mais diversas facetas do fazer publicitário. Inicialmente, compunham os quadros dessas instituições ora professores que eram profissionais ou ex-profissionais do mercado publicitário que iam às classes transmitir sua experiência, sua prática, com todas as distorções próprias de quem conhece apenas parte do processo; ora professores de outras matérias, com formações tão distintas quanto Direito ou Pedagogia que, com grande esforço, adaptavam seus conhecimentos às disciplinas com as quais tinham pouca ou nenhuma intimidade.

O aumento da concorrência no mercado de trabalho, seja pela crise da atividade citada anteriormente, seja pela grande quantidade de novos profissionais à disposição do mercado, gerou um natural crescimento da exigência dos alunos quanto à qualidade dos cursos. Some-se a isso o endurecimento das regras das diversas instâncias vinculadas ao Ministério da Educação (Coordenação de Aperfeiçoamento de Pessoal de Nível Superior – Capes; Instituto Nacional de Estudos e Pesquisas Educacionais Anísio Teixeira – Inep) buscando qualificar as instituições e seus corpos docentes, e temos o quadro em que se encontra hoje a atividade publicitária, bem como o ensino da propaganda.

De um lado, um mercado extremamente sensível, já que clientes cada vez mais contestam a validade de soluções criativas ou a eficiência da propaganda *per se*. De outro, escolas buscando melhorar seus cursos e seus corpos docente e discente. É nesse contexto que se insere este livro. Por anos baseada em intuição, a publicidade hoje precisa de ciência, de técnica e de lógica que a embase e sustente. Por anos baseada em adaptações, as escolas de comunicação buscam cada vez mais fontes para a construção de um saber próprio da comunicação persuasiva, próprio da publicidade.

A última impressão é a que fica é uma tentativa de preencher parte desse nicho ou, para falar em "marquetês", de atender a essa necessidade de ambos os mercados, o publicitário e o acadêmico.

Para tanto, foram feitas algumas escolhas, o que nem sempre é fácil, já que nos propusemos a trilhar o caminho do meio: nem tanta prática que não passe de *cases* e não construa teoria, nem tão teórico que se afaste do dia-a-dia da atividade. A primeira decisão foi o recorte temático. Optou-se por trabalhar com as diversas maneiras de fechar peças de comunicação. Essa escolha deu-se, em primeiro lugar, porque notamos a profunda importância dos elementos ligados ao posicionamento de marca, lembrança e associação das idéias propostas nas campanhas.

Em segundo lugar, o final de um anúncio ou comercial é especialmente rico na medida em que concentra – ou deveria concentrar – a essência da proposição comunicativa daquela peça ou campanha. Além disso, no fecho encontra-se a assinatura da marca anunciante, de modo que se tem ao mesmo tempo comunicação específica do produto e a comunicação corporativa do anunciante. Também porque muitos autores já se dedicaram a destrinchar os elementos compositores de anúncios, *spots* e comerciais, eu inclusive, no livro *Redação publicitária: Sedução pela palavra*, editado pela Thomson Learning em 2005.

Muito já se escreveu sobre os modos de se fazer publicidade e sobre os porquês de um ou outro anúncio ser mais ou menos criativo que outros. Entendemos que nesse ambiente multicomunicacional em que vivemos, com mensagens comerciais pululando em TVs, rádios, jornais, revistas, mídia exterior, Internet, celulares, entre outras tantas opções de divulgação das marcas, é mais rico entender o funcionamento do fecho das mensagens que suas aberturas, afinal, títulos são entidades de pouquíssima duração, são voláteis, às vezes duram apenas uma veiculação, enquanto assinaturas de campanha, slogans e bordões podem durar muitos anos; em alguns casos vão além da própria veiculação das mensagens, penetram no dia-a-dia das pessoas e tornam-se expressões populares.

Para enfrentar esse tema, contudo, foi necessário estudar e entender uma infinidade de casos. Nossa percepção é de que poucos são os publicitários que, de fato, dominam as funções e atribuições de cada uma dessas ferramentas de comunicação. O processo de discussão das campanhas e compreensão das funções dos elementos iniciou-se na cadeira de Criação da Universidade Presbiteriana Mackenzie com longas discussões com os colegas professores, entre eles Milton Lara, Ricardo Morelatto, Lourdes Gabrielli, Alexandre Santilli, Paulo Panontin, Carlos Eduardo Silva e Carlos Rahal. Posteriormente, enriqueci esse estudo em minha dissertação de mestrado sob orientação da querida Regina Helena Pires de Brito e inspiração de grandes mestres, em especial as professoras Elisa Guimarães e Neusa Bastos, que me ajudaram a compreender em toda sua riqueza o conceito do bordão publicitário, que era, no meu entender, a mais poderosa e pouco conhecida e estudada ferramenta de comunicação. O bordão, um dos temas principais do presente livro, sempre foi confundido com slogan, assinatura de campanha e refrão. Foi necessário estabelecer semelhanças e diferenças entre cada uma dessas ferramentas, e a conclusão desse trabalho gerou resultados que parecem bastante interessantes e inovadores, os quais gostaria de dividir com os leitores neste livro.

O caminho percorrido na construção deste trabalho passa, portanto, por minha experiência no mercado publicitário, pela discussão com professores e publicitários, ainda que em nível superficial e intuitivo, e por um processo de aproximação do campo teórico patrocinado pelo mestrado da Universidade Presbiteriana Mackenzie que, ao me apresentar ao universo da pesquisa, me abriu os olhos para a riqueza da teoria como o supra-sumo da prática. Entendi que, embora árida, a teoria encerra milhares de práticas, uma teoria bem compreendida pode fazer que o indivíduo tenha segurança para utilizá-la em uma grande diversidade de situações. Posteriormente, compreendi, em meus estudos de doutorado, sob orientação da grande Lucrécia D'Aléssio Ferrara, que há ainda muito a ser desenvolvido no campo teórico na tentativa de compreender as práticas da comunicação com todas as suas variáveis e vieses. Busco, neste volume, fazer um meio-de-campo entre teoria e prática, tarefa nem sempre fácil e, aqui e ali, humildemente, propor alguma novidade que possa ser absorvida e utilizada pela grande massa de novos – e nem tão novos – publicitários que enfrentam diariamente questionamentos de clientes, indiferença de consumidores e pressão de concorrentes.

Entendo que, independentemente dos caminhos que a publicidade nacional tomará nas próximas décadas, é imprescindível diminuir a natural insegurança resultante da dependência de inspiração e sensibilidade dos criativos. Não que estas não sejam importantes. São fundamentais. Contudo, dadas as grandes exigências do ambiente competitivo atual, bem como o exacerbado pragmatismo dos clientes, faz-se necessário instituir um colchão teórico no qual deverá assentar-se confortavelmente a prática, em que o sólido conhecimento dos mecanismos persuasivos embase e sustente os brilhos, vôos e abduções próprias do sensível universo criativo e que, dessa maneira, se estabeleçam padrões para comunicação eficiente sem que se tire, obviamente, o espaço para os largos vôos da criatividade.

Este trabalho pretende contribuir nesse sentido, buscando simplesmente distinguir e explicar as funções de cada um dos possíveis fechos de anúncios e campanhas, para que nossos publicitários e marqueteiros não mais confundam slogan, bordão e assinatura de campanha. Afinal, estas são ferramentas cada vez mais utilizadas e, como são veiculadas milhares de vezes e concentram grande poder de informação, são fundamentais para o sucesso da comunicação publicitária. Elas são, na verdade, o cerne, o centro da comunicação e têm grande poder persuasivo, por isso entendemos que, ao contrário do velho ditado, *A última impressão é a que fica.*

1 Histórico

O compositor Nelson Motta criou a letra de uma das baladas mais cantadas em nosso país. Na voz de Lulu Santos, milhares de brasileiros, com vaga melancolia, entoam a canção *Como uma onda no mar*, que, entre outras célebres frases, diz: "Tudo muda o tempo todo no mundo".

"Não adianta fugir nem mentir pra si mesmo". Muito mudou na maneira de se fazer propaganda nos últimos cem anos. Como ondas no mar, métodos de se fazer propaganda foram se sucedendo desde a Revolução Industrial até a atual Era da Informação. É preciso compreender essa evolução para melhor operarmos a publicidade de hoje. Antes, contudo, é necessário ter em mente que os métodos, os modos do fazer publicitário não se substituem, propriamente, mas somam-se, completam-se, interpenetram-se. O visual feérico ou os títulos grandiloqüentes inventados por Phineas T. Barnum na década de 1850, por exemplo, convivem lado a lado com o minimalismo elegante de Bill Bernbach, até os dias de hoje, em sua revista semanal.

Embora catastrofistas no campo das artes tenham anunciado o fim da pintura com a chegada da fotografia, o fim do teatro com o advento do cinema ou, no campo da mídia, o fim dos jornais com a chegada do rádio, o fim deste com o surgimento da TV ou, ainda, o declínio da televisão na era da Internet, nota-se que não há propriamente o fim de nada; há o acúmulo, o aumento de opções artísticas ou midiáticas e a interpenetração desses meios, cada um deles se alimentando de técnicas, estilos e linguagens do outro.

O mesmo ocorre no campo da criação publicitária. Desde antes da publicidade em si, vimos a criação de amplo leque de caminhos persuasivos, da retórica de Aristóteles à publicidade de entretenimento, tão comum atualmente.

Para ordenarmos nosso raciocínio, é necessário compreendermos a maneira como se construiu a atividade publicitária, a questão do público e do privado, bem como a idéia de propagação de informações e ideologia, hoje tão misturadas, e que somente um pouco de história poderá aclarar o modo como enxergamos a área de publicidade.

Como todas as atividades que relacionam distintos atores do universo social, a propaganda também passou, ao longo de sua existência, por diversas fases de atuação e de relação entre empresas, consumidores e mídia. Antes de conhecermos essas fases, convém distinguir os termos "publicidade" e "propaganda".

1.1 **Publicidade** ou Propaganda?

Há grande controvérsia entre autores em relação ao uso dos termos citados. Pode-se dizer que geografia e ideologia seriam fatores determinantes dessa controvérsia. Comecemos pela origem dos termos: publicidade descende do latim, *publicus*, ou público, da idéia de distinção entre o espaço público e privado ou, segundo Thompson (2004, p. 110): "A explícita formulação de distinção provavelmente deriva dos primeiros desenvolvimentos do direito romano, que separava lei pública de lei privada, e da concepção romana de *res publica*".

O mesmo autor apresenta outro viés para a dicotomia público *versus* privado:

> Público significa "aberto" ou "acessível ao público". Público nesse sentido é o que é visível ou observável, o que é realizado na frente de espectadores, o que está aberto para que todos ou muitos vejam ou ouçam. Privado é, ao contrário, o que se esconde da vista dos outros, o que é dito ou feito em privacidade ou segredo ou entre um círculo restrito de pessoas. Neste sentido, a dicotomia tem a ver com *publicidade* versus *privacidade*, com *abertura* versus *segredo*, com *visibilidade* versus *invisibilidade*. [grifos do autor] (Thompson, 2004, p. 112)

De acordo com essa perspectiva, pode-se afirmar que o termo publicidade estaria mais ligado à esfera pública, ao saber acessível a um grande número de pessoas, seja por conhecimento direto ou interação face a face, seja por conhecimento indireto, por interação mediada. Obviamente, nos atuais tempos de modernidade, a apreensão da realidade e das informações públicas ocorre, na maioria das vezes, de maneira mediada, via publicidade.

Por essa ótica, o termo publicidade estaria mais relacionado com o trabalho realizado pelo jornalismo, que utiliza meios de comunicação de massa para levar as notícias ao cidadão ou as ações perpetradas pelo poder público e que são de interesse de grande parte da população. Essa leitura embasa o conceito atualmente utilizado pelos países de língua inglesa para o termo *publicity*, que denotaria a idéia de tornar públicos os fatos que são de interesse do cidadão. Empresas poderiam então se beneficiar de publicidade positiva ou sofrer publicidade negativa conforme noticiassem os órgãos da imprensa. A tarefa de "gerar publicidade" positiva caberia à assessoria de imprensa. Assessorias de imprensa são, em geral, empresas dirigidas por jornalistas. Sua função é sugerir aos noticiosos pautas nas quais as empresas, suas clientes, apareçam de maneira positiva, contribuindo para a formação de uma doxa favorável em relação a determinada marca, ou seja, um juízo de valor favorável à marca. Tendo em mente que jornais e demais veículos noticiosos gozam de altos índices de credibilidade, não seria surpreendente notar que as empresas investem em relações públicas, via assessoria de imprensa, na tentativa de, com *releases* e notícias, influenciar positivamente as atitudes dos consumidores em direção às suas marcas. Convém lembrar que, nesse caso, a publicação de matérias citando empresas ocorre (ou deveria ocorrer) sem a compra de espaço comercial, ou seja, a matéria gerada pela publicidade deveria ser parte do conteúdo editorial, e não da seção comercial de um veículo de comunicação de massa.

Segundo Rizzo (Contrera, 2003, p. 63-64), pode-se identificar publicidade com *publicity*, pois, segundo a autora, "*publicity* refere-se a divulgações feitas, sobre produtos e serviços, sem custos nos veículos de comunicação".

Essa compreensão do significado de publicidade baseado no *publicity* da língua inglesa coincide com a nomenclatura utilizada por autores (de língua inglesa) das disciplinas associadas ao marketing e às relações públicas. Pode-se dizer simplificadamente que, para os autores brasileiros que seguem a escola norte-americana de marketing, o termo publicidade denota veiculação de mensagens acerca de marcas, produtos e serviços via meios noticiosos, inseridos no conteúdo editorial destes, sem a compra de espaço comercial.

Contudo, sabemos que o termo publicidade no Brasil não tem exatamente esse sentido. É, inclusive, no mínimo curioso que pessoas envolvidas na atividade de planejamento, criação, compra e veiculação de mensagens comerciais nos meios de comunicação se autodenominem publicitários. Aliás, publicitários trabalham em agências de propaganda; propagandistas são funcionários de laboratórios farmacêuticos que se encarregam de apresentar seus produtos aos médicos.

A confusão ocorre porque esse modo de acolher o termo publicidade teria como paralelo, em inglês, a palavra *advertising* e, em francês, *publicité commerciel*, que difere de *publicité* (*jornalistique*) ou de *publicity* por se tratar, nesse caso, de espaço comercial comprado e devidamente assinado pela marca anunciante. Essa acepção do termo publicidade, bastante utilizada nos meios acadêmicos, expressa a idéia de que há um emissor identificado e uma mensagem com fins persuasivos claramente localizáveis em seu corpo, distingue-se da publicidade gratuita, em que o emissor é o próprio meio de comunicação ou um de seus repórteres ou articulistas, e a mensagem acerca de determinada marca é expressa de maneira sub-reptícia e com aura de notícia, ou seja, a mensagem é apresentada como se fosse isenta, imparcial.

A publicidade comercial, correlata de *advertising*, é a mensagem persuasiva claramente identificada por seu emissor. No mercado publicitário é chamada propaganda.

Temos então, em português, a palavra "propaganda" para designar *advertising* ou *publicité commerciel*, contudo, fora do Brasil, a palavra "propaganda" também tem outra acepção.

O termo "propaganda" origina-se do latim *propagare*, propagar, propagação, e foi utilizado "oficialmente" pela primeira vez em 1633, quando o papa Urbano VIII criou o *Congregatio Propaganda Fide*, ou Congregação para a Propagação da Fé (Martins, 1999, p. 36), órgão incumbido de propagar e defender os dogmas perpetrados pela Igreja Católica.

Talvez, por sua origem, o termo "propaganda" tenha recebido essa acepção mais ligada à questão ideológica que comercial. Na Europa e nos Estados Unidos, a palavra *propaganda* designa o "processo de disseminar informações para fins ideológicos (políticos, filosóficos, religiosos)" (Rabaça, 2002, p. 598). O termo "propaganda" é, até hoje, associado às atividades de comunicação conduzidas por Joseph Goebbles, ministro de Hitler. Diz-se que nos Estados Unidos ninguém afirma "fazer propaganda", mas sim é acusado de fazê-la.

A carga pejorativa do termo "propaganda" não existe no ambiente publicitário brasileiro. Como no português não há os três termos presentes no inglês (*propaganda, publicity* e *advertising*), mas apenas dois, "propaganda" e "publicidade", instalou-se grande confusão e virtual sinonímia entre os termos. Temos no nosso país, por exemplo, *publicitários*, que trabalham em *agências de propaganda*, e *jornalistas*, que, como assessores de imprensa, buscam garantir *publicidade* para seus clientes.

Dito isso, adotamos para este trabalho a terminologia que vem se consagrando em nosso país e que já é corrente no mercado, segundo Rabaça:

> No Brasil e em alguns outros países de língua latina as palavras propaganda e publicidade são geralmente usadas com o mesmo sentido, e esta tendência parece ser definitiva independente das tentativas de definição que possamos elaborar em dicionários ou em livros acadêmicos. (2002, p. 598)

1.2 O Começo de Tudo

Falar das origens da publicidade, como a conhecemos, remete-nos diretamente ao país que tem na atividade sua marca de excelência e está presente até mesmo em seu DNA: os Estados Unidos. Lá, como aqui, a utilização dos meios de comunicação de massa – em especial o jornal – foi o pontapé inicial da atividade como a conhecemos. Em 1774, o jornal *Charleston Gazette* publicou um anúncio que dava conta da fuga de escravos e prometia recompensa para quem os recuperasse. A própria colonização do país muito dependeu da publicidade. O temor de enfrentar o Oceano Atlântico com todos os seus perigos, o desconforto da viagem e ainda todas as incertezas das terras virgens que esperavam seus novos habitantes haviam de ser superados por quem se arriscasse a empreender tal jornada.

> Historians have called the effort to people the American colonies the world's first large scale advertising campaign. Powerful English trading companies, hoping to gain control of North America's vast natural resources, built settlements along its shores. (Mierau, 2000, p. 7)[1]

Panfletos que contavam a experiência pessoal de colonos eram o mais efetivo meio publicitário da época. O fundador do estado da Pensilvânia, William Penn, recomendou que seu associado, Gabriel Thomas, publicasse seus apontamentos da vida colonial. Esse panfleto foi muito lido na Inglaterra em 1693 e certamente contribuiu para convencer britânicos pobres a tentar a vida no novo mundo. Ele escreveu:

> Poor people (both Men and Women) of all kinds, can here get three times the wages for their Labour they can in England or Wales... Laboring Men, Women, and Children of England, wandering up and down looking for employment, here not need idle for a moment... Here there are no beggars... Jealousies among Men here are rare... What I have delivered... is indisputably true, I was an eyewitness to it all. (ibidem)[2]

Com a estruturação e o crescimento dos negócios nas colônias, também a atividade publicitária tomou fôlego e começou a desenvolver-se. Tanto nos Estados Unidos como no Brasil, os jornais fixaram-se como o grande propulsor da atividade, já que davam comissões para que agentes (daí o nome agência) vendessem espaço comercial para os mais variados anunciantes. Note-se que,

[1] Historiadores têm chamado o esforço de população das colônias da América como a primeira campanha publicitária em larga escala do mundo. Poderosos negociantes ingleses, no intuito de controlar as vastas reservas naturais da nova colônia, construíram uma série de povoados ao longo da costa [tradução nossa].

[2] Pobres (ambos, homens e mulheres) de todos os tipos podem ganhar aqui três vezes o que ganham na Inglaterra ou em Gales com trabalho braçal... Homens, mulheres e crianças trabalhadores da Inglaterra que procuram a esmo por trabalho aqui não perdem um momento sequer... Aqui não há pedintes... Ciúmes entre os homens é raro... O que digo aqui... é a pura verdade, eu sou testemunha ocular de tudo isso [tradução nossa].

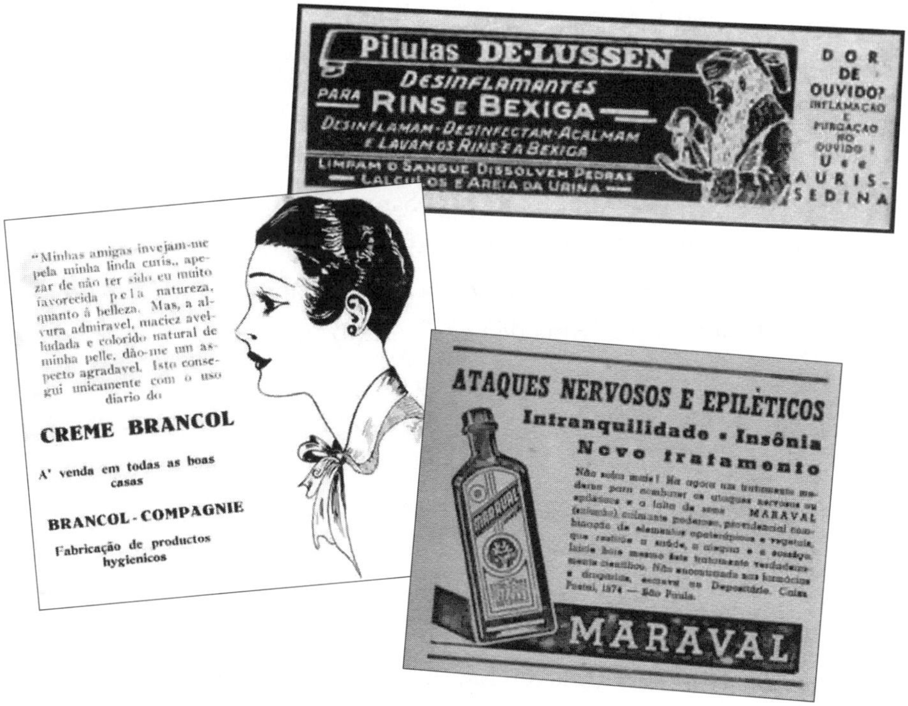

Fonte: Arquivo pessoal.

naquela época, o publicitário era mais um prestador de serviços para o veículo do que para o cliente, era pouco mais que um vendedor autônomo, já que quem o pagava era o jornal em que o anúncio era colocado. Hoje em dia, salvo as novas maneiras de remuneração, ainda persiste o modelo original, de comissionamento por parte do veículo, fato que, aliás, é fonte de inúmeras pendengas entre agências, clientes e veículos; afinal, há claros conflitos de interesses entre anunciantes e seus prestadores de serviços, as agências, que, por sua vez, são remuneradas pelos veículos em que as mensagens são exibidas.

Por anos, a publicidade sobreviveu de tentativas mais ou menos éticas de vender produtos. Sem qualquer rigor científico, ofereciam-se drogas, xaropes, beberagens e pomadas para as mais variadas mazelas da vida cotidiana.

No Brasil não era diferente. A mídia impressa, inicialmente o jornal, depois as revistas, veiculou diversos anúncios de drogas milagrosas por anos a fio. Nos exemplos a seguir, retirados da *Revista Globo*, do Rio Grande do Sul, percebe-se que a publicidade no início do século XX tinha muito pouco compromisso com a verdade.

A propaganda brasileira teve seu início na época do Brasil colônia de maneira bastante tímida e carente de uma linguagem própria. O primeiro anúncio de que se tem notícia é, segundo Ricardo Ramos (1987, p. 9), de 1808, publicado na *Gazeta do Rio de Janeiro*, e apregoava: "Quem quiser comprar uma morada de casas de sobrado com frente para Santa Rita, fale com Joaquina da Silva, que mora nas mesmas casas...". Mais tarde, em 1878, na *Província de São Paulo* (antecessor de *O Estado de S.Paulo*), já constava anúncio no formato do classificado atual, com título "Ama de Leite" e texto "Oferece-se uma sem filho, na rua Aurora n. 10". Oferta pura e simples.

A publicidade evoluiu, mas seu sentido original de informar e ofertar manteve-se. Shimp (2002, p. 221) afirma que as funções da propaganda são, nesta ordem: informar, persuadir, agregar valor e auxiliar outros esforços da empresa.

Entendemos que, por muitos anos, desde o surgimento da primeira agência de propaganda, a N. W. Ayers & Son (Pedrebon, 2004, p. 23) em 1869, nos Estados Unidos, ou da primeira agência de propaganda brasileira, a Eclética, fundada em 1913, em São Paulo (Marcondes, 2002, p. 18), a publicidade concentrou-se em informar a seus consumidores da existência deste ou daquele produto. Em mensagens mais ou menos criativas, apregoavam as vantagens de se utilizar este ou aquele produto, seja por suas características objetivas, seja devido a fatores mais subjetivos. Nota-se, no desenvolvimento da atividade, a busca por maneiras diferenciadas de transmitir as mensagens, atitude que mais tarde veio a ser chamada criação. Essa aura poética que permeou a publicidade aqui e ali pode ser exemplificada pela famosa quadrinha do Rhum Creosotado ("Veja ilustre passageiro / o sujeito faceiro sentado ao seu lado / No entanto, acredite / quase morreu de bronquite / Salvou-o o Rhum Creosotado") e no maior cuidado gráfico na construção de ilustrações poderosas como no exemplo do xarope São João, ao lado.

Fonte: Arquivo pessoal.

Não obstante algumas tentativas de abordagens mais subjetivas do processo de persuasão, a publicidade em seus primeiros anos teve um papel muito mais explicativo das vantagens dos produtos anunciados, mesmo que essas "explicações" fossem amplamente exageradas e, não raro, inverossímeis. Ainda assim, a função de informar o consumidor da existência e dos serviços prestados por este ou aquele produto foram, até a década de 1950, a tônica da propaganda brasileira e norte-americana.

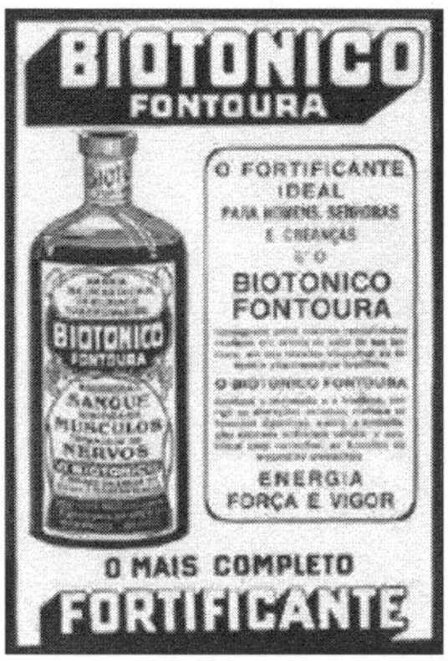

Fonte: Arquivo pessoal.

Se levarmos em conta que a própria dinâmica do surgimento das agências de propaganda está diretamente relacionada com a exposição positiva do produto, não nos surpreenderemos ao verificar que essa primeira fase da publicidade esteve, de fato, focada no produto e na sua oferta. Sabemos que as agências, ou melhor, os agentes publicitários surgiram como vendedores autônomos de espaço nos jornais. Esses vendedores recebiam comissões pela venda de anúncios – prática que se mantém até nossos dias, se bem que hoje as agências servem aos clientes, e não mais aos veículos.

Dada a competição que começou a surgir entre os vendedores de anúncios, e considerando-se que não havia muita flexibilidade em preços, fez-se necessário que esses agentes publicitários oferecessem aos anunciantes maneiras de tornar seus anúncios mais eficientes. Se não pelo preço, pela capacidade de chamar a atenção do público para o produto anunciado. Agregou-se então, ao mero serviço de vender espaço no veículo, a capacidade de desenvolver mensagens interessantes sobre os produtos aos leitores dos jornais que pudessem vir a ser consumidores dos produtos anunciados.

Mesmo com a chegada das indústrias multinacionais e suas agências de propaganda ao Brasil, na década de 1930, como a Ayer, que veio para atender a Ford, a J. W. Thompson para a GM, e mais tarde a McCann Erickson, outra das grandes agências norte-americanas, a publicidade manteve-se focada na informação sobre a oferta dos produtos anunciantes.

A apresentação visual dos produtos ganhou sofisticação com a ilustração, a impressão colorida e o início do uso de fotografia; ainda assim, temos sempre o produto anunciado em primeiro plano. Por anos a fio, a propaganda no Brasil refletiu o modelo internacional de apresentar e glorificar o produto e suas características. Outra técnica bastante utilizada era o uso de testemunhais, com artistas do cinema ou grandes esportistas emprestando seu nome e credibilidade às mais variadas famílias de produtos. Talvez a linha argumentativa mais antiga e duradoura da

Fonte: Arquivo pessoal.

Fonte: Arquivo pessoal.

publicidade no Brasil seja a empreendida pelo antigo sabonete Lever, atual Lux, que há mais de 60 anos apóia-se na mesma proposição de vendas: "Nove entre dez estrelas usam o sabonete Lever".

O mesmo procedimento de oferta focado no produto ou no usuário pode ser encontrado em peças publicitárias mais recentes, da década de 1960 e início da década de 1970, como demonstrado nos anúncios a seguir.

Com filiais ao redor do mundo, inclusive no Brasil, as poderosas agências publicitárias norte-americanas, embora ensaiassem ousadias aqui e ali, tendiam a fazer em suas matrizes e, mais ainda, em suas filiais, uma publicidade "careta", formal, apoiada nas características dos produtos, até porque, na nascente indústria brasileira havia pouca concorrência e muita ansiedade em consumir as novidades vindas daquela que se configurava como a grande potência do pós-guerra. Os produtos norte-americanos ou

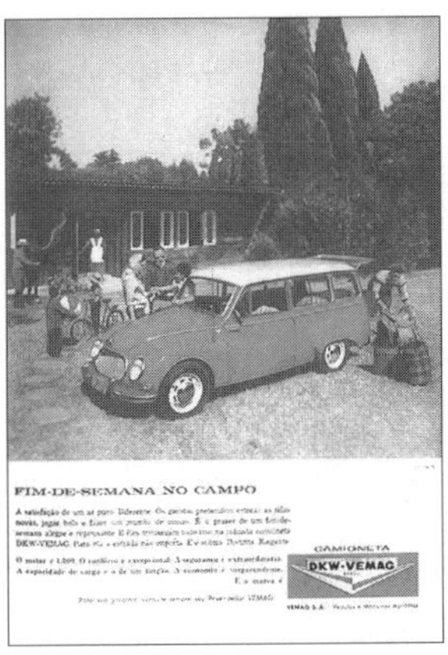

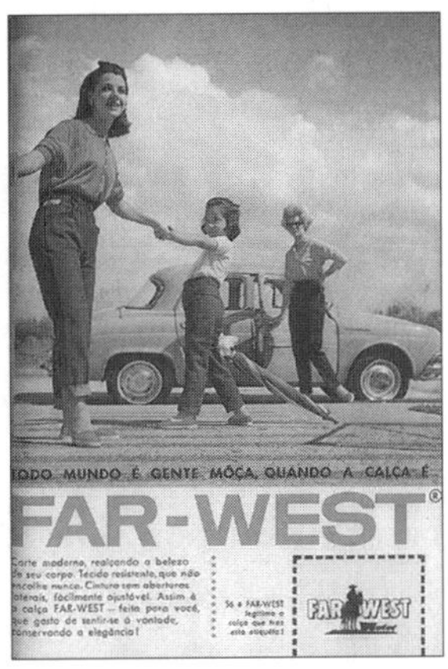

Fonte: Arquivo pessoal.

produzidos por empresas daquele país gozavam de ótima receptividade entre o público brasileiro e a simples menção de determinada marca e a própria engenhosidade das invenções eram suficientes para transformar batedeiras, liquidificadores e demais objetos hoje vistos como cotidianos em delirantes sonhos de consumo da classe média brasileira.

Logo, no entanto, a estrutura do capitalismo, com sua crescente competitividade, e a busca por novos mercados fizeram que se atingisse, também aqui, a saturação do mercado. Havia mais oferta que demanda, mais marcas e modelos à disposição que consumidores com renda para adquiri-los. Os volumes de investimento foram gradativamente aumentando e a eficiência da publicidade começou a diminuir até que, em meados da década de 1960, pareceu claro que o modelo de publicidade baseado em oferta do produto estava exaurido e que novas maneiras de seduzir o consumidor se faziam necessárias. Tanto nos Estados Unidos quanto aqui, a mera oferta do produto já não dava conta da infinita gama de necessidades que cada produto tinha para comunicar-se com seu público específico, ressaltar seus diferenciais, fossem eles físicos, seus atributos, fossem diferenciais subjetivos, ligados ao que a marca representava para o consumidor. Cada vez mais foi ficando claro que anúncios tradicionais, pouco a pouco, tornavam-se menos eficientes, que a publicidade não era tão-somente um meio de apresentar e oferecer produtos e serviços. Era necessário o envolvimento do consumidor no processo. Descobriu-se que ele não era um mero receptor das mensagens, mas sim um interlocutor no processo de comunicação e, para que esse processo fosse efetivado, para que a comunicação de fato ocorresse, era essencial o envolvimento do consumidor. Era preciso provocá-lo, fazê-lo rir, chorar e se divertir diante de um comercial.

Com o desgaste da propaganda focada na oferta do produto, foi necessário, tanto nos Estados Unidos quanto aqui, buscar outro método persuasivo, agora calcado na criatividade, também pautado pelas grandes agências norte-americanas. Leo Burnett, David Ogilvy e Bill Bernbach, entre outros, são os nomes que compreenderam que a publicidade poderia ser mais persuasiva se falasse ao íntimo dos consumidores – sobre suas necessidades mais subjetivas – em vez de falar sobre produtos e suas qualidades.

1.3 A Virada Criativa

Apenas na década de 1970, em especial com o surgimento de uma agência que revolucionou a atividade publicitária no Brasil, foi que a apresentação dos produtos e sua oferta passou a agregar novas técnicas de persuasão. Referimo-nos à DPZ, fundada em julho de 1968. Segundo Marcondes (2002, p. 94):

> Na época em que a DPZ virou DPZ, a propaganda brasileira era dominada por um modelo publicitário que reproduzia o caráter mais conservador da propaganda norte-americana. As grandes multinacionais instaladas no país desde a década de 1950 – pedra inaugural de toda a história da moderna propaganda no Brasil – desenvolviam já um trabalho de nível profissional, mas absolutamente convencional. Competente, mas careta. Nenhuma delas colocava como seu primeiro produto a criação.

A DPZ foi um marco na publicidade brasileira porque compreendeu que o consumidor não era simplesmente uma máquina de comprar produtos, mas muito mais que isso: era gente com sentimento, com dúvidas existenciais, crises e frustrações. A agência percebeu também que a publicidade tinha potencial e capacidade para ser muito mais que um mero canal de oferta de produtos e serviços. Uma marca poderia ser amiga, velha conhecida e companheira de estrada do consumidor. Poderia ser tema de conversas, fonte de informação, pauta para o dia-a-dia, piada na hora do cafezinho ou comentário com o colega de trabalho. A DPZ e outras tantas depois dela foram revolucionárias na medida em que compreenderam a amplitude da inserção da publicidade no cotidiano das pessoas. A grande virada ocorreu quando se percebeu que não mais se tratava de ofertar produtos e serviços, mas de demonstrar, por meio de histórias cheias de humor e emoção, que as marcas compreendiam o consumidor, relacionavam-se com ele, mostravam-lhe o caminho, as novidades, as maneiras de ser do novo indivíduo, moderno, urbano, charmoso e sofisticado. De apregoador das características do produto, a publicidade passou a ser um guia de como se portar no ambiente social, um meio de manter-se atualizado, na moda, de utilizar as gírias "certas" e fazer os comentários adequados. A publicidade, de certa forma, passou a substituir os manuais de boas maneiras.

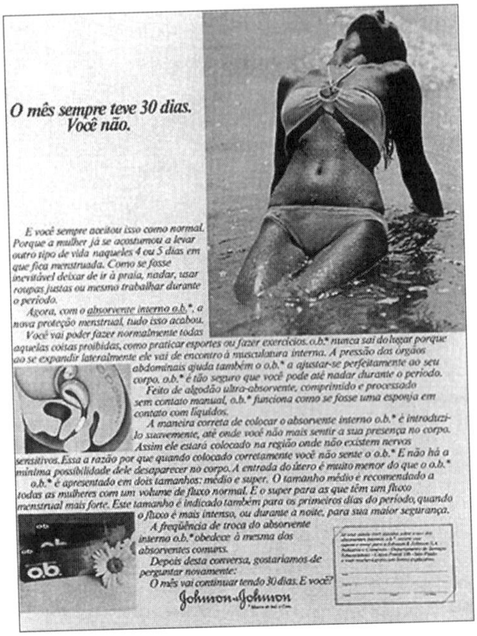

Fonte: DPZ.

No começo com muito texto, bastante explicativa, adiante, apenas com menções, idéias e sugestões, a propaganda brasileira foi criando um jeito de ser, uma maneira muito própria de falar com o consumidor.

Fonte: DPZ.

Fonte: Air France Brasil.

O empuxo dado por esse novo olhar sobre a atividade fez a propaganda no Brasil crescer de maneira intensiva, em especial nas décadas de 1970 e 1980, quando nosso país passou a ser reconhecido como um dos produtores da melhor publicidade do mundo. Em 1999, Donald Gunn, renomado diretor de criação da agência de propaganda Leo Burnett, de Chicago, passou a publicar um relatório anual que cobre e pontua os mais importantes prêmios e festivais publicitários do mundo. O *Gunn Report* tornou-se referência para quantificar os resultados criativos em todo o mundo. No ano 2000, o "Brasil aparece como a terceira nação mais criativa do mundo e São Paulo como a segunda cidade mais premiada internacionalmente (atrás de Londres e na frente de Nova York)" (Marcondes, 2002, p. 80). Mais recentemente, a agência AlmapBBDO conquistou em dois anos seguidos – 2005 e 2006 – a impressionante marca de "agência mais premiada do mundo", segundo o mesmo relatório.

A publicidade deixou de ser um mero acessório de vendas para pautar comportamentos sociais. Os criativos, os caras que passaram a dizer o que era certo e errado, o que era, nos termos da época, *in* e *out*, deixaram de ser meros prestadores de serviços para virarem ícones sociais. Puxadas por Washington Olivetto, o mais brilhante e aparecido profissional de publicidade da época, hordas de publicitários invadiram o cenário social e impuseram seus gostos, sua visão cosmopolita, seu humor sofisticado, sua estética elegante e transformaram a atividade em lançadora de tendências. Produtos, serviços e marcas ansiosos pelos *flashes* que esses jovens ousados arrebatavam passaram a contratar seus serviços e a fazer comunicação sofisticada, interessante e elegante, não importava se seu consumidor era pobre, inculto ou analfabeto. Começou no início da década de

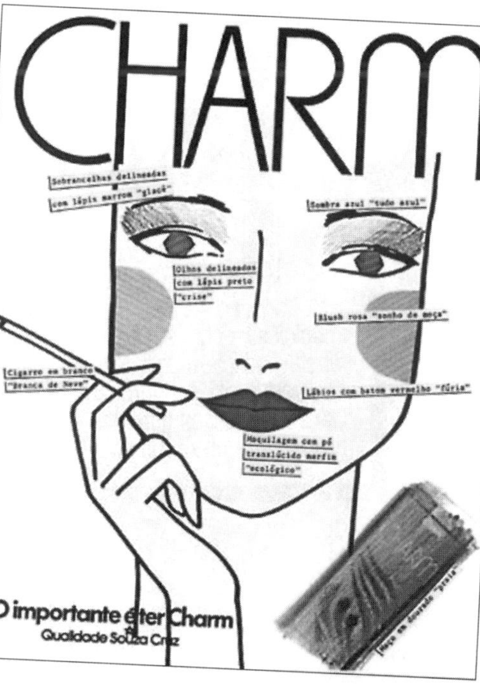

Fonte: DPZ.

1980 e dura até hoje uma cisma na qual parece haver um paradoxo entre os interesses da agência (prêmios, *flashes* e uma gorda comissão como resultado de veiculação de comerciais nas grandes emissoras nacionais) e os interesses dos clientes (vender, vender, vender e, talvez, aparecer um pouquinho).

Estabeleceu-se, então, um conflito que parecia insolúvel. A publicidade ajudava, sim, a vender produtos, mas muito do seu alto investimento era dirigido para pessoas que não eram, nem de longe, os consumidores dos produtos e serviços anunciados. Por outro lado, marcas eram construídas e deixavam de competir como meros *commodities* para passar a significar algo mais para os consumidores. Era o fetiche da mercadoria, a supressão do valor de uso pela euforia do valor de troca. O *shopping center* como templo do consumo. A era linda e dourada dos *yuppies*. Em paralelo, as estratégias de marketing pregavam que os grandes fatores competitivos estavam ligados a aspectos físicos do produto. Produtos melhores eram aqueles mais rápidos, mais fortes, mais eficazes, mais práticos ou, simplesmente, mais bonitos ou mais novos.

Fonte: Arapuã.

Fonte: AlmapBBDO.

Fonte: W/GGK (W/Brasil).

A máquina da indústria movia-se buscando inovar no ponto-de-venda enquanto a indústria da comunicação sofisticava sua mensagem, a piada era mais sutil, o *approach*, mais delicado.

Humor e sensualidade foram moldados gradualmente e se tornaram um jeito brasileiro de fazer propaganda.

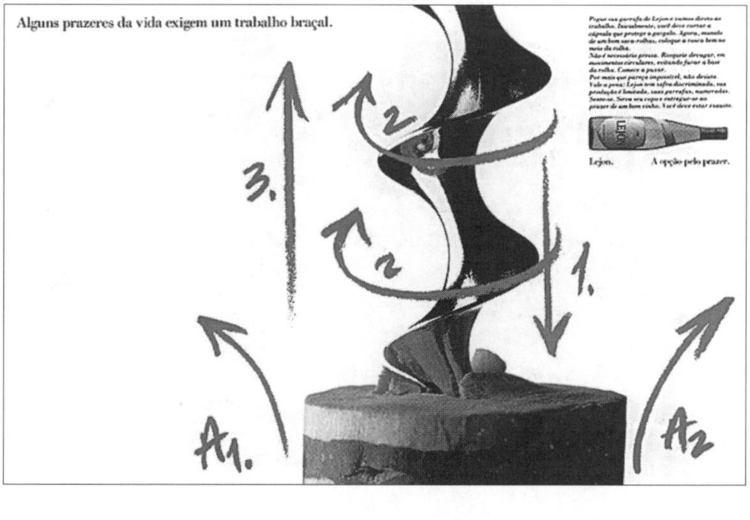

Fonte: DPZ.

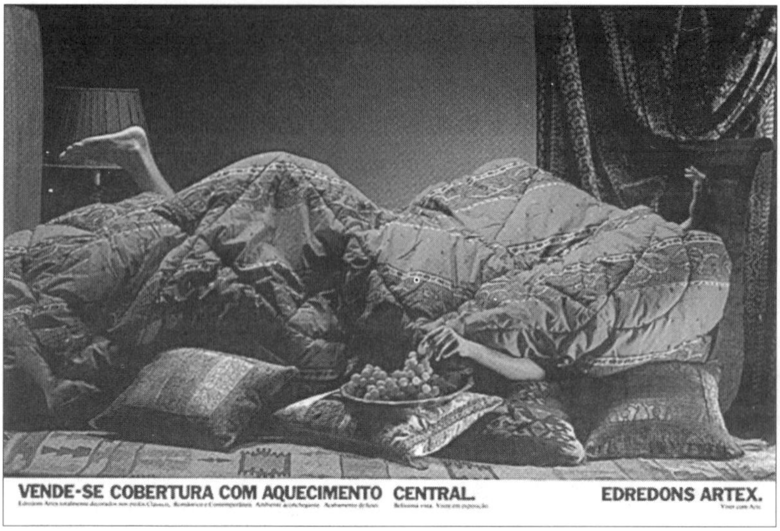

Fonte: DPZ.

Aos poucos, os “filhotes” da DPZ espalharam-se pelo mercado. Washington Olivetto associou-se ao grupo suíço GGK e fundou a W/GGK, antecessora da W/Brasil. Nela, trabalharam, entre outros criativos geniais, Nizan Guanaes, que mais tarde comprou de Duda Mendonça a DM9 e transformou-a em um dos *hot spots* criativos da década de 1990, e Marcello Serpa, que também se formou na matriz de todas as agências criativas, a DPZ, e passou pela DM9 para, mais tarde, tornar-se sócio da AlmapBBDO, outro dos grandes nomes da publicidade brasileira.

Fonte: W/Brasil.

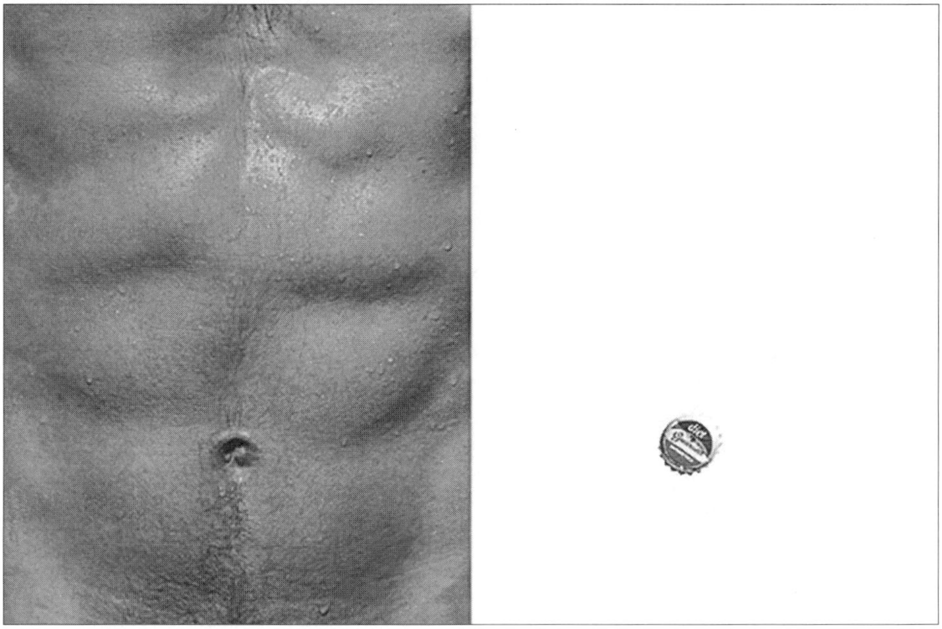

Fonte: DM9DDB.

Fonte: AlmapBBDO.

Fonte: AlmapBBDO.

Paralelamente ao processo de sofisticação da mensagem, ocorreu uma expressiva melhora no campo do planejamento. Do ponto de vista das fontes, houve o surgimento de inúmeros institutos de pesquisa oferecendo dados e informações para tomada de decisão, desde o *tracking* de mídia até dados qualitativos acerca de como o consumidor compra, consome e se relaciona com as marcas.

Como conseqüência, as atividades de comunicação tornaram-se mais complexas. Além de toda informação a ser digerida, o imenso crescimento das opções de investimento em mídia e a fragmentação dos meios de comunicação levaram a agência da década de 1990 a uma série de sinucas criativas, da estratégia criativa à estratégia de mídia, passando pelo comportamento cada vez mais individualizado do consumidor. O publicitário do fim do século XX, mais do que pela falta de informação, sofreu pelo excesso dela. A pressão dos clientes por resultados imediatos e mensuráveis toldou a visão de muitas empresas que se entregaram sem considerações a uma estratégia promocional intensa, sem considerar de fato a saúde e a imagem das marcas. Muitas sucumbiram por excesso de remédio. Agências fecharam, empresas quebraram, foram compradas, sofreram fusão; marcas desapareceram.

Para fazer jus às grandes agências da década de 1990, este breve histórico não pode deixar de citar aquela que soube como ninguém tirar vantagem do profundo pensamento de marketing, capacidade de planejamento e, mais que outras, da habilidade para traduzir raciocínios estratégicos em idéias de comunicação. A Talent, comandada por Julio Ribeiro, foi talvez a agência que melhor soube unir planejamento estratégico com comunicação de massa. Nesse período conturbado da publicidade brasileira, conseguiu como poucas construir marcas e, com isso, distanciar seus clientes dos concorrentes construindo diferenciais subjetivos fortes e poderosos, capazes de destacar marcas.

Fonte: Talent.

Esta década também trouxe uma novidade poderosíssima, a Internet. Saudada como a grande sucessora da televisão, o veículo que "mataria" o mercado de comunicação de massa, que levaria a crer que estávamos diante de uma revolução de proporções sísmicas ou, segundo o texto inspirado de Tom Wolfe:

> O ciberespaço tinhas seus visionários, e eles diziam a todo mundo no Vale [do Silício] que o que estavam fazendo era muito mais do que desenvolver computadores e criar um novo meio de comunicação maravilhoso, a Internet. Muito mais. A Força estava com eles. Estavam tecendo sobre a Terra uma

> rede inconsútil que tornaria insignificantes todas as fronteiras nacionais e divisões raciais, transformando literalmente a natureza da besta humana. (apud McLuhan, 2005, p. 10)

A vanguarda costuma vir mesmo embalada na ladeira, que um dia acaba. No caso da Internet, acabou em muro. A explosão da bolha da Internet derrubou muitas empresas e agências que se dedicaram exclusivamente a um sonhador *business plan* baseado nos mesmos parâmetros da mídia tradicional. Acreditava-se que o conteúdo deveria ser gratuito, como o da TV, e que, uma vez que se alcançasse uma grande audiência, a veiculação de publicidade em sites pagaria todo o custo de produção. Pobres daqueles que entenderam essa mudança de paradigma que representou a Internet apenas pela metade. Ora, se esse novo meio representava exatamente a quebra do monopólio das grandes cadeias de televisão, se a Internet era a possibilidade de todo mundo publicar seus conteúdos, uma rede neural sem centro, sem borda, com possibilidades infinitas de contato, de pesquisa, de interesse, que retrocesso um plano de negócio que tinha como princípio a cobrança de espaço em mídia dependendo de audiência! Tinha de dar errado. Depois da Internet, a audiência nunca mais seria a mesma. Nem na TV nem na rede. Mesmo havendo grandes provedores, como UOL e Terra, entre outros, poucos perceberam que a chave a ser tocada era outra, não mais massa. Era preciso oferecer maior segmentação, grande capacidade para compreender o consumidor e prestação de serviços cada vez mais específicos. A palavra de ordem passou a ser o marketing de relacionamento e a comunicação chamada *taylor made*; a ferramenta da Internet possibilitou um recorte extremamente agudo do público-alvo e a construção de estratégias de comunicação focadas em um número restrito de consumidores, com necessidades e desejos próprios, exclusivos. Não apenas as mensagens tinham de ser criadas para públicos bastante específicos, mas também a imensa gama e possibilidades da rede deveriam ser exploradas com encantamento, com capacidade de surpresa e, mais que tudo, com total intimidade com a psique do consumidor. Uma tarefa e tanto. Era necessária a presença de um publicitário criativo, com boa noção de psicologia e tecnologia. Um "ET". Poucos conseguiram esse equilíbrio, mas aqueles que foram capazes de mudar de paradigma, de entender e produzir comunicação para esse novo mercado, ou para esse novo modo de ser moldado por esse meio de comunicação, são os caras dos anos 2000.

Depois de um espinhoso período à frente de um portal de Internet gratuito, o genial Nizan Guanaes voltou com tudo ao mercado publicitário. Reinventou-se como profissional, criativo e empresário, e teve a coragem e ousadia para mudar o modo de fazer propaganda. Fundou a Africa, agência cujo modelo de negócio privilegia o mergulho no universo do consumidor; não se restringe à propaganda *stricto sensu*, mas aposta nas infinitas e novas possibilidades de comunicar e de seduzir o consumidor.

Independentemente da forma que o mercado irá tomar, o que sabemos com certeza é que o consumidor é, a cada dia, mais bombardeado com mensagens publicitárias. Na mesma medida em que aumentam os meios e os anunciantes, diminui a lembrança e o interesse do consumidor pela argumentação, produto ou serviço anunciados. Publicitários têm pela frente a dura tarefa de abrir picadas em uma selva de comunicação, suja, poluída e abarrotada de mensagens. Por mais que seja fundamental o fazer artístico, é igualmente importante o domínio técnico para que não se desperdice a atenção do consumidor, conquistada a duras penas por meio de títulos instigantes, abordagens interessantes e piadas hilariantes. Se você conquistou a atenção do consumidor, já percorreu metade do caminho. Não vá morrer na praia. É fundamental marcar o nome do anunciante a ferro quente na mente do consumidor. Não podemos mais nos dar ao luxo de ouvir comentários como o clássico "Lembro do filme mas não do anunciante". Cada estocada na mente do consumidor deverá deixar lá plantada a semente da marca e da imagem que se propõe a passar. Cada inserção deverá repetir a essência do que se quer falar. Não de uma maneira lógica, careta, formal, marqueteira. O publicitário deve ter o domínio dos meios de comunicação para traduzir essa mensagem em uma assinatura marcante, poderosa, única. E já que a última impressão é a que fica, vamos nos aprofundar em como construir fechos poderosos para nossos anúncios.

2

Assinatura de Campanha

No processo de aperfeiçoamento do fazer publicitário, muitas técnicas foram aprimoradas na busca de maneiras sempre mais eficientes de comunicar uma mensagem, de conseguir fazer que grupos de consumidores aderissem a determinadas marcas, que as notassem e, mais ainda, que pagassem mais caro por uma marca que por outra do mesmo produto. A guerra pela preferência do consumidor ensinou o mercado publicitário a produzir campanhas cada vez mais efetivas. Essa efetividade ocorre, em última análise, no ponto-de-venda, onde, diante de uma série de opções, o consumidor escolhe uma marca em detrimento de outra. O desafio, não raro, é fazer que essa escolha aconteça devido a benefícios emocionais e subjetivos diante da sempre presente pressão do preço e das oportunidades oferecidas pelas estratégias de promoção de vendas ou de *merchandising* no ponto-de-venda. Afinal, como criar mensagens poderosas o suficiente e que sobressaiam ao apelo frenético das ofertas? Bem, o primeiro aspecto sobre o qual iremos nos debruçar é o que chamamos assinatura de campanha.

Para entender o sentido da assinatura de campanha, é necessário ter claro a função de cada elemento do anúncio.[1]

O *título* tem a função daquilo que Aristóteles denominou *exórdio*, isto é, chamar a atenção do leitor sobre o assunto tratado. Assim como a imagem, o título

[1] Sobre esse tema, leia *Redação publicitária: Sedução pela palavra*, editado pela Thomson Learning, em que o anúncio é desconstruído e penetra-se nas funções comunicativas de cada um dos elementos dele. Aqui será feita apenas uma breve contextualização.

introduz o leitor na situação proposta pela campanha. Para conduzi-lo pelo corpo do texto, constrói-se uma *narração*, um texto que sustenta a argumentação com fatos, idéias e pensamentos que deverão ser a base para o julgamento da sugestão proposta no anúncio. Em seguida, temos a apresentação das *provas*, fatos objetivos que justificarão a escolha do produto ou serviço anunciado; finaliza-se o anúncio com a *peroração*, esforço final para que o leitor aceite a proposta formulada no *exórdio*. A peroração é um fecho, uma conclusão, uma estocada final, e tem a obrigação de ser a informação que deverá ser lembrada pelo consumidor nos pontos-de-venda fazendo que ele, diante de tantas ofertas, decida por esse determinado produto.

Fonte: Agência Fallon.

Um bom texto publicitário, com freqüência, tem estrutura circular, ou seja, na peroração, remete-se ao tema que foi expresso no exórdio; ou ainda, na assinatura, retoma-se o tema proposto no título. No caso do exemplo anterior, do Citibank, tanto o título quanto o trecho final, presente no último bloco do texto, ressaltam a relação de amizade entre o homem e o cachorro. Esse tema foi utilizado para conduzir a leitura do anúncio para a linha argumentativa proposta: o banco anunciante compreende que há coisas mais importantes na vida que o dinheiro e, por esse motivo, presta uma série de serviços para que seus clientes tenham tempo de, entre outras coisas, brincar com seus cães.

Note-se que existe toda uma estruturação lógica por trás da simpática mensagem expressa no texto. O título serve de gancho, de isca para fisgar a atenção do consumidor sobre o tema antes de apresentar propriamente o anunciante.

Para chegar a essa solução, o criativo teve de construir um esqueleto lógico que estruturasse o anúncio e, sob a camada de gentileza e simpatia, passasse a mensagem requerida pelo anunciante, que certamente não é só a gentil e agradável "brinque com seu cachorro", mas muito mais algo como "nosso banco tem tais e tais serviços". Falar dos serviços do banco de forma criativa é a tarefa da agência de propaganda. Entretanto, simplesmente listar as características do serviço prestado transforma o anúncio em um catálogo, sem poder persuasivo e sem envolvimento com o consumidor. A mágica da criação está em propor um caminho diferenciado para falar dos serviços prestados pelo banco. Construir uma ponte, uma ligação entre a relação do consumidor com seu cachorro e a gama de serviços prestados pelo banco tornou o anúncio mais interessante e atraente, além, é claro, de muito mais criativo.

Para ir de um ponto a outro, todo publicitário tem de empreender essa viagem, esse processo de construção de mensagens é o desenvolvimento da estratégia criativa. Alguns de maneira mais intuitiva, outros de modo mais racional, cada publicitário deverá desenvolver um meio próprio, único, de dizer uma mensagem que, na maioria dos casos, é extremamente parecida com a mensagem divulgada pelas campanhas das empresas concorrentes.

2.1 O Processo Criativo

O processo criativo ocorre com base na informação ou no diferencial a ser trabalhado. Em geral, esse diferencial é fornecido pelo departamento de marketing do anunciante ou é negociado entre agência e anunciante, de acordo com os resultados de pesquisas. Sobre esse diferencial estabelece-se uma afirmação básica.[2] A afirmação seria, em última análise, o que deverá ficar na mente do consumidor sobre a marca ou o produto depois que a "piada" ou a "sacada" do comercial cair no esquecimento. Assim, entende-se que a afirmação sobre o diferencial do produto é fundamental no processo de comunicação. É importante ressaltar que a afirmação básica não é uma frase criativa, interessante ou charmosa. É mais uma declaração, um *statement* sobre o produto, o serviço ou a marca anunciados, sem as firulas típicas da retórica publicitária. A função da agência é converter essa afirmação tão séria, objetiva e pragmática em linguagem do consumidor, simpática, engraçada, interessante, chocante, enfim, em uma frase com poder comunicativo. A idéia presente na afirmação básica aparecerá, em muitos casos, na sua forma mais precisa, ou mais próxima da proposição mercadológica da campanha, no momento mais importante da peça de comunicação: sua assinatura. Assim, entendemos que, não obstante cada um dos elementos do anúncio ter sua importante função no processo de comunicação, o elemento que concentra o sumo da comunicação, que traz a essência do pensamento proposto pela agência acerca da afirmação sobre o diferencial apresentado pelo anunciante, estará presente no final, no fecho do anúncio, seja no slogan, no bordão, seja na assinatura da campanha. Dessa maneira, garante-se o processo de circularidade. O exórdio lança o tema a ser desenvolvido, a assinatura de campanha o encerra. Ambos, contudo, devem ser tratados de maneira criativa, sem expor cruamente a afirmação básica, mas recobrindo-a dos mais variados recursos retóricos.

O presente capítulo é dedicado a analisar a assinatura de campanha e seu desempenho no papel de reforçar a afirmação básica de modo criativo de maneiras diversas.

Outra abordagem propõe que a assinatura de campanha seja a conclusão necessária, a resposta à proposição lançada no título. É importante considerar que

[2] A expressão "afirmação básica" foi criada pelo professor Milton Lara, na Faculdade de Comunicação e Artes da Universidade Presbiteriana Mackenzie, e é utilizada, desde a década de 1990, por todo seu corpo docente. Em nosso entender, trata-se apenas de mais um termo para expressar o que deverá ser transmitido em uma campanha publicitária independentemente de seu formato criativo. Assim, afirmação básica é correlata de diversas outras expressões de uso corrente no mercado, entre elas proposição básica, promessa básica ou USP – *Unique Selling Proposition* (proposta única de vendas).

um título poderoso não traz consigo todas as informações necessárias para que o consumidor decodifique a mensagem.

É comum no ambiente de marketing e comunicação a ansiedade para passar toda a informação acerca de determinado produto de uma só vez, em um só fôlego, quanto antes, tudo no título. Isso é um erro. Afinal, para ganhar poder de comunicação, é necessário envolver o consumidor no contexto da mensagem, fazê-lo interessar-se pelo tema ou pelo tratamento da idéia. Se o título trouxer todas as informações, por exemplo, o produto, a oferta e a marca anunciante, por que o consumidor se daria ao trabalho de ler o resto do anúncio? Ele já decodificou a mensagem, já sabe do que se trata e já fez um julgamento de valor se aquilo lhe interessa ou não. Não houve tempo de seduzir, de persuadir. Fazendo uma relação com o processo de sedução entre casais, poderíamos dizer que um título que diz tudo é como uma cantada simplória, estilo *funk* carioca, em que o rapaz chega para a moça e solta à "queima-roupa": "Já é ou já era?". Mesmo conhecendo muito pouco os hábitos dos "funkeiros", não nos parece tolo afirmar que uma garota que aceita uma cantada "na lata" como essa é aquela que já está em busca de "algo mais". Da mesma maneira, um título "na lata", que já manda a oferta e a marca anunciante, servirá apenas aos consumidores que já estejam em busca do produto. Entretanto, a grande maioria dos consumidores necessita ser seduzida. Eles não estão assim tão interessados em nosso produto. Somos nós quem precisamos cativá-los, conquistá-los. Assim, o processo de conquista dos consumidores por meio da propaganda começa com um título que mais provoca do que entrega, um título que tem como objetivo central iniciar o assunto, e não chegar a uma conclusão.

Um bom título funciona como um anzol que fisga a atenção do consumidor que, até por curiosidade, acaba por percorrer todo o texto do anúncio em busca da solução da questão proposta no título. Nesse sentido, a assinatura da campanha se configura como uma solução para o questionamento proposto no título e desenvolvido no texto.

Nesse exemplo, pode-se notar que o título "O chefe" tem como objetivo capturar a atenção do leitor, que, curioso, quererá saber o que os rapazes da foto pensam sobre seus chefes ou sobre chefes em geral. O texto discorre a respeito

Fonte: F/Nazca.

de uma série de situações desagradáveis clássicas que um chefe pode levar seu funcionário a vivenciar nas relações cotidianas, fazendo o leitor perceber como um chefe "tira o prazer de viver". Assim constrói-se a situação que irá desembocar na assinatura da campanha, "Já tem muita gente querendo tirar o sabor da sua vida", que conclui e sintetiza o pensamento a respeito dos chefes, conduzindo ao necessário pensamento de que, se já se tirou muito do "prazer de viver", o ideal é que se tome uma cerveja que não tire ainda mais do prazer, ou seja, que mantenha o prazer, e "Por isso, só tiramos as calorias". Note que nesse exemplo temos claramente as duas funções fundamentais das assinaturas de campanha: a conclusão do pensamento proposto no anúncio e a forma mais sintética da proposição básica (ainda que mantendo o charme retórico que caracteriza a criação publicitária). Pode-se, por essa análise, depreender que a afirmação básica dessa campanha é que o produto, apesar de ser *light,* não retira o sabor, o prazer de beber cerveja. Criativamente o que se fez foi demonstrar uma série de situações desprazerosas para concluir que o produto anunciado tira as calorias, mas não o prazer de se tomar uma cerveja, conceito reforçado pela imagem na qual se vê pessoas bonitas e alegres tendo momentos de prazer e diversão.

Fonte: F/Nazca.

Note-se que essa estrutura de campanha, tanto em seu formato criativo como na necessária assinatura que conclui o pensamento, mantém-se em diversas peças, como nos exemplos a seguir, o que varia é a personagem desagradável, aquele responsável por tirar o "prazer da vida", no caso, o marido, o vizinho e o cunhado.

Para se chegar a uma assinatura de campanha com essa qualidade, é necessário percorrer um longo caminho. Esse caminho se dá, essencialmente, em um jogo de mostrar e esconder, de seduzir o consumidor. A tendência natural é a mensagem vir escancarada, direta e reta, informando objetivamente o consumidor sobre o produto e suas características, ou o preço, as formas de pagamento, os locais onde encontrar o produto e assim por diante. No entanto, como já tivemos oportunidade de aprofundar o assunto no livro *Redação publicitária: Sedução pela palavra* (Figueiredo, 2005), esses modos de ofertar produtos e serviços são pouco sedutores do ponto de vista da retórica publicitária, assim, para que tenham resultados efetivos e seduzam o consumidor, dependerão das características específicas do produto ou da oferta. Em uma situação mais cotidiana de mercado, em que produtos e ofertas são muito parecidos, equivalentes até, o esforço publicitário concentra-se mais no seduzir do que no oferecer. Desse modo, para que se construa um

Fonte: F/Nazca.

Fonte: F/Nazca.

jogo de sedução que culmine na assinatura da campanha, ou seja, para que haja um "crescendo" entre o início e o final de um anúncio, é necessário construir uma estrutura similar à estrutura clássica da narrativa, em que o título cria uma rede de tensão que vai se avolumando à medida que o texto a desenvolve, sem entregar de pronto a solução, levando, pouco a pouco, ao clímax, ao final do texto e ao desfecho que se encerra na assinatura da campanha. Convém, como em qualquer narrativa, que o desfecho seja de certa maneira inesperado. Para que isso ocorra, o criador publicitário tem de buscar um modo instigante para transmitir a informação. Não apenas o desfecho, mas todo o desenvolvimento criativo do anúncio deverá ser pautado pela busca de uma maneira diferenciada de abordar o assunto. É nesse ponto que se dá a necessidade de uma concepção criativa fora do que chamamos círculo da obviedade.

2.2 O Círculo da Obviedade

Entendemos o *círculo da obviedade* como o conjunto de idéias mais comuns, como o caminho natural a se pensar determinado produto para um público-alvo definido. As primeiras idéias de como abordar o tema, ou de que relações se poderia estabelecer entre o produto a ser anunciado e o tema do anúncio, são, em geral, caminhos que já foram percorridos por outros criativos a serviço de marcas concorrentes. Afinal de contas, os processos relacionais entre conceitos são naturalmente semelhantes nos indivíduos criados em um mesmo contexto cultural. Como criamos anúncios para consumidores de um mesmo segmento demográfico e psicográfico, é lícito considerar que as primeiras idéias ou relações entre temas e produtos ou serviços anunciados serão aquelas mais próximas do universo cognitivo dos indivíduos. Os criativos, quando recebem um novo *job*, tentam buscar rapidamente as primeiras correlações que determinado produto pode ter com seu público-alvo, de forma que se poderia generalizar que as primeiras idéias em relação ao produto serão, provavelmente, óbvias. Alguém poderá perguntar: e que mal há nisso? Bem, uma idéia óbvia será como uma piada sem graça. Ela é repetitiva e desinteressante, ou seja, muito mais difícil de ser utilizada na construção de uma narrativa que cative o leitor e o conduza a um desfecho excitante, já que, por sua obviedade, ela não cativa o leitor nem leva a um desfecho excitante. O mais provável é que o leitor rapidamente adivinhe a solução da intriga proposta no título e, assim, abandone a leitura do anúncio. Dessa forma, é improvável que uma idéia óbvia seja um bom caminho criativo quando se trata de criar o jogo de mostrar e esconder no processo de sedução publicitária.

Grosso modo, as dez primeiras idéias que se tem em relação a um produto ou serviço a ser anunciado são mais ou menos óbvias, ou seja, não ensejam um caminho criativo rico e interessante. Portanto, o que se costuma fazer nos *brainstorms* criativos é buscar muitas idéias, dezenas delas. Entre elas, não apenas aquelas diretamente ligadas ao produto a ser anunciado, mas também idéias ligadas às idéias óbvias. Idéias que geram idéias que geram idéias, construindo assim verdadeiras "famílias" de idéias; conjuntos de conceitos mais ou menos relacionados com o produto original, mas que são, de algum modo, conseqüência criativa das idéias iniciais acerca daquele produto. Logo, as idéias que surgem no *brainstorm* vão, pouco a pouco, afastando-se do produto e passam a compor grupos conceituais que, a exemplo dos tecidos, vão-se construindo de maneira sistêmica, em um conjunto de linhas criativas que se afastam lentamente do produto original, sem, contudo, perder um "caminho" de relações entre eles. Desse modo, forma-se um segundo círculo em torno do círculo original. É possível construir um terceiro e um quarto círculos ao redor das idéias originais. Esse processo pode se prolongar *ad infinitum* com idéias das idéias das idéias das idéias...

Naturalmente, esse processo levará a idéias que nada têm a ver com o tema da discussão original. Entretanto, poderá fazer aflorar novas correlações com o tema, gerando idéias criativas, que passam sobre o óbvio. Essas são as chamadas *pontes criativas.*

2.3 Pontes Criativas

Então, para se obter idéias criativas, é necessário desenvolver pensamentos que, muitas vezes, partem de idéias óbvias mas que, em suas imbricações, levam a leituras e correlações inesperadas, criativas, que depois se converterão em assinaturas de campanha excitantes.

Muitas das novas idéias serão descartadas. Algumas porque continuam óbvias, outras porque levam o pensamento a direções que não interessam, outras ainda porque serão dificilmente "correlacionáveis" com as idéias originais, ou seja, embora haja um caminho trilhado entre o produto a ser anunciado e a idéia gerada no processo criativo, esse caminho poderá não ser compreendido e compartilhado pelo público-alvo, de modo que um comercial produzido com base em uma linha criativa nesses moldes seria ineficaz, já que incompreensível.

Outras idéias, contudo, poderão, sim, ser utilizadas, ainda que ajustadas. Enriquecidas, elas se constituirão em *pontes criativas* sólidas o bastante para que o raciocínio do consumidor viaje com facilidade entre um

Círculo da obviedade e ponte criativa

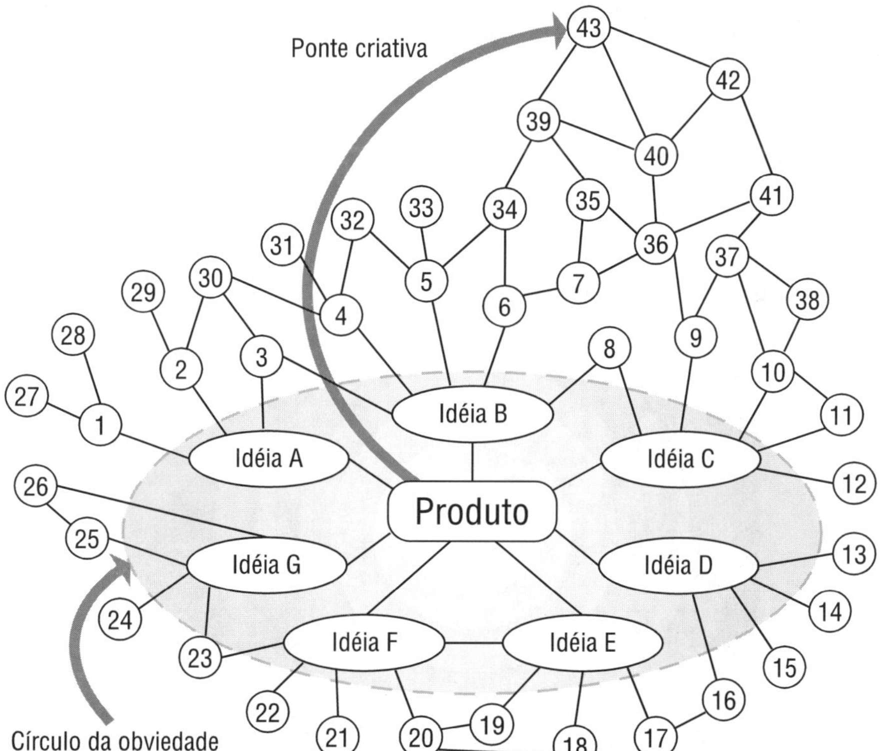

Fonte: Bunge Brasil.

Fonte: Bunge Brasil.

Fonte: Bunge Brasil.

e outro lado da ponte, entre a idéia criativa e o produto anunciado. Nesse caso estão as boas idéias publicitárias, que são convertidas em assinaturas de campanha instigantes. A excitação gerada pela idéia é proveniente da experiência vivida pelo leitor ao caminhar de volta pela ponte criativa. Parte-se da chegada e caminha-se até a partida, o produto. O prazer da descoberta das reações conceituais que sustentam a ponte é o cimento das boas idéias publicitárias.

Note-se nos exemplos anteriores que existe uma razoável distância entre o produto anunciado e a temática criativa. Para anunciar uma marca de suco criou-se a idéia de que a marca anunciante seria uma das "coisas boas da vida". Para tanto, o anúncio desenvolveu-se com base em clichês que naturalmente ajudam na compreensão da mensagem, exemplos do que seriam "coisas boas" para homens (a preferência nacional), para mulheres (liquidação) e para crianças (desenhar na parede), em várias imagens diferentes do mesmo tema. Nenhuma das coisas gostosas apresentadas é exatamente saudável ou diretamente ligada ao suco. A ponte criativa está explícita na assinatura da campanha: "Nunca o saudável foi tão gostoso", amarrando a idéia do prazer associada aos temas de cada grupo escolhido e à saúde promovida pela marca de suco. Assim, estabelece-se um elo criativo inovador, interessante e inesperado que concentra seu desfecho na assinatura de campanha.

Nesses exemplos, retirados de um site de venda de vinhos na Internet, a idéia criativa para demonstrar a grande quantidade e variedade de vinhos à venda foi colocar o abridor de garrafas em diversas situações correlacionadas com o "volume de trabalho" que ele teria para abrir tamanha quantidade de garrafas. Em cada caso, o abridor teve uma "reação" diferente ao trabalho proposto. Ficou forte, quebrou o braço ou enforcou-se diante da grandeza do desafio. A curiosa reação humana emprestada ao abridor funciona como gancho para envolver o leitor do anúncio na proposição básica da peça, a de que o site anunciante oferece mais de 15 mil garrafas. Essa mensagem é expressa no título, correlacionado à imagem com "Mais de 15 mil garrafas para abrir" e na assinatura, "A maior escolha de vinhos da Internet".

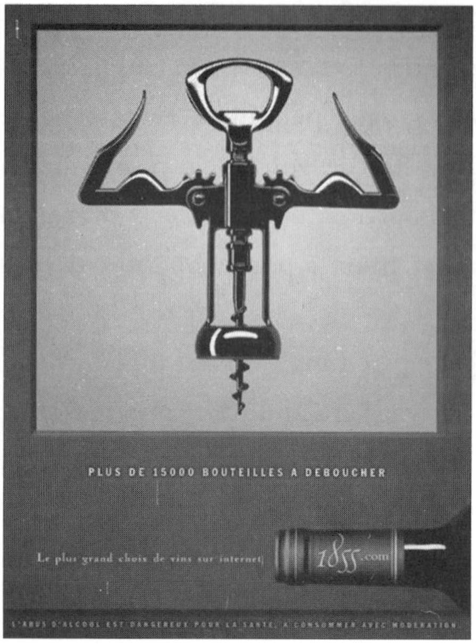

Fonte: 1855.com

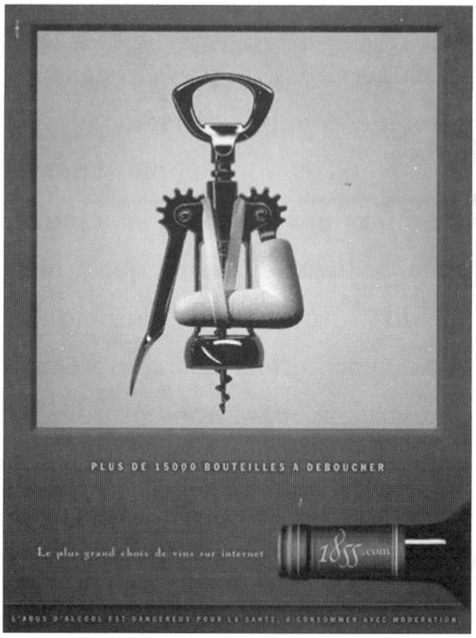

Fonte: 1855.com

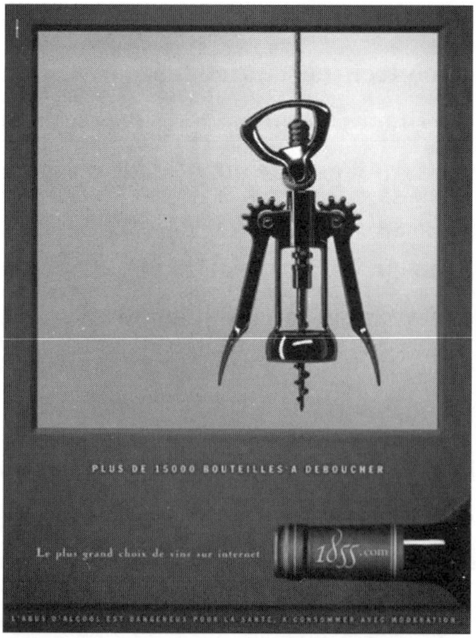

Fonte: 1855.com

2.4 Assinatura e suas Combinações

Assinaturas de campanha também são ferramentas muito práticas na medida em que compõem adequadamente a flexibilidade da criação publicitária com a durabilidade dos slogans e bordões. Slogans têm grande durabilidade, já que refletem o posicionamento das empresas. Bordões são frases extremamente fortes que, não raro, seguem por anos sendo repetidas pelos consumidores, mesmo depois de terem deixado de ser veiculadas. As assinaturas de campanha combinam a longevidade de slogans e bordões com a mutabilidade constante das necessidades de comunicação das empresas.

É comum uma empresa manter no ar simultaneamente duas ou mais linhas de comunicação. Em geral, tem uma linha institucional, voltada à construção de marca, e outra dirigida às vendas. É comum também, quando se trabalha com produtos diferentes dirigidos a segmentos distintos, que a empresa mantenha no ar várias campanhas simultâneas. Essa variedade de comunicação pode levar ao risco da diluição da mensagem e sua conseqüente perda de potência comunicativa e lembrança por parte do consumidor. Imagine que dentro do ambiente intensamente comunicacional uma mesma empresa venha a público com duas, três, quatro mensagens diferentes... Publicitários e estudiosos da comunicação insistem no velho ditado, *less is more*: quanto menos se disser e quanto mais se repetir essa sintética mensagem, mais poder de fixar-se na mente do consumidor essa mensagem terá. Contudo, as necessidades de comunicação, construção de marca e vendas das empresas nem sempre serão tão lógicas e ordenadas quanto o universo teórico da comunicação. Assim, diferentes necessidades geram distintas soluções criativas. Entretanto, foi preciso desenvolver uma maneira de estabelecer um padrão comunicativo que, de fato, impedisse a dispersão da mensagem. Assim, foi-se construindo a distinção entre slogan e assinatura de campanha. Sobre o slogan trataremos mais profundamente adiante, basta dizer no momento que é a *pièce de resistence* na comunicação, visto que é de longo prazo e de grande importância na construção da personalidade da marca.

Já a assinatura de campanha é uma ferramenta mais flexível que pode ser utilizada com o slogan. É possível trabalhar com diferentes assinaturas de forma simultânea.

Em uma situação como a exposta anteriormente, de uma empresa com necessidade de comunicação corporativa, institucional, de *branding* e que ao mesmo tempo tem de manter campanhas direcionadas para vendas de dois produtos distintos focados em públicos-alvo diferentes, essa empresa poderá, sem prejuízo de seu desempenho comunicativo, manter, simultaneamente, três campanhas: uma institucional, fechando a mensagem com o slogan, e duas outras de vendas com assinaturas de campanhas distintas. Convém, inclusive, que o slogan apareça em todas as peças, mas a importância gráfica, em termos de diagramação dada à assinatura de cada uma das campanhas, deverá ser maior.

Vejamos um exemplo de uma empresa que tem em sua comunicação as características propostas e que, ao longo dos anos, tem demonstrado grande habilidade e verdadeira *expertise* no uso das diferentes ferramentas de comunicação. *O Estado de S.Paulo*, jornal cuja publicidade está a cargo da agência Talent, manteve, simultaneamente, duas campanhas, uma voltada às assinaturas, outra dirigida às vendas de classificados. Para cada uma delas criou-se uma assinatura que encerrava de modo criativo a proposição básica, concluindo a peça de comunicação e fechando o raciocínio proposto no título. Em ambas as campanhas, o slogan "É muito mais jornal" aparece próximo à logomarca do diário. As assinaturas de campanha "É melhor você começar a ler o Estadão" e "Não adianta inventar, classificados é no Estadão" apareceram com destaque, concluindo o anúncio.

Percebe-se, inclusive, que a colocação espacial da assinatura, centralizada, e o tamanho do corpo da letra, bem maior que a do slogan, conferem maior poder de comunicação à sustentação da campanha.

Nesse caso, a logomarca e o slogan foram deslocados para o canto esquerdo, de menor impacto, para colocar, em um recorte colorido, a assinatura da campanha bem como o telefone para contato, dirigindo a peça à efetivação de vendas de classificados.

Talvez pudéssemos afirmar que a sustentação de campanha, considerando as características expostas, seria ao mesmo tempo uma excelente solução criativa e um "meio caminho" para outras ferramentas, quais sejam: o bordão e o slogan. Na verdade, podemos observar ao longo da história da publicidade uma série de assinaturas que se converteram ora em slogan, ora em bordão, ora nos dois. Para efeitos didáticos, separamos cada um dos termos e, no decorrer do livro,

Fonte: Talent.

Fonte: Talent.

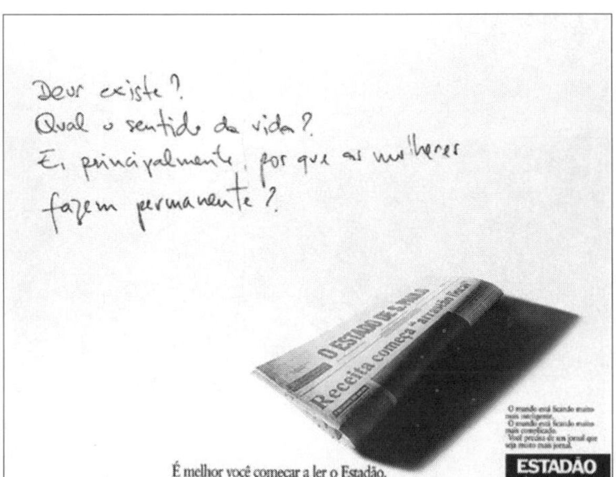

Fonte: Talent.

Fonte: Talent.

Fonte: Talent.

Fonte: Talent.

veremos com clareza que há diferenças fundamentais entre as formas de se fechar um anúncio. Contudo, é importante notar que, na prática do dia-a-dia, as diferentes ferramentas freqüentemente se confundem. Tomemos como exemplo uma assinatura de campanha que, de tão curiosa, interessante e bem-humorada, passou a ser repetida pelos consumidores, tornando-se expressão popular ou um bordão publicitário. Mais ainda, essa mesma expressão, com o tempo, passou a designar a marca, a ser um diferencial em relação à concorrência e tornou-se parte da identidade do produto. Trata-se da frase: "51: uma boa idéia", criada pela agência Lage, Stabel e Guerreiro, em 1978, para o principal produto da Companhia Müller de Bebidas, a Cachaça 51 que, em virtude do apelo interessante e flexível proporcionado pela curiosidade da frase, passou a ser repetida pela população, transformando-se em bordão. Mais tarde, a mesma frase passou a ser adotada como slogan da marca, tornando-se sua representação textual, sua expressão de personalidade e, sem dúvida, um dos principais componentes de seu diferencial competitivo. A mesma expressão não deixou de aparecer nos anúncios. Nesse caso, temos o caminho completo: uma expressão que surgiu como título de anúncio passou para assinatura de campanha, caiu na boca do povo, transformou-se em bordão da marca e, finalmente, passou a designar a personalidade da marca, tornando-se slogan.

Esse exemplo, ao mesmo tempo que amarra todas as maneiras de fechar um anúncio, também mostra que nem sempre há clareza nos objetivos e funções de cada uma das ferramentas de comunicação. É importante ter em mente que a assinatura de campanha tem também a função de servir como conclusão de um processo de raciocínio proposto no título. Assim, podemos imaginar que o caminho racional, do título à assinatura, percorreria uma espécie de funil conceitual, da proposição original ao desenvolvimento da situação, da contextualização à apresentação do produto anunciado como a solução para o conflito ou para a situação criada.

O desfecho, que freqüentemente retoma a proposição do título, concentra em uma única frase a essência do pensamento desenvolvido ao longo da peça de comunicação. Assim, por ser a conclusão, a síntese, a essência, seria razoável que visualizássemos um anúncio como um funil informacional no qual a sustentação de campanha seria sua conclusão, sua essência concentrada. Por essa razão é uma ferramenta de comunicação tão importante. É nela que se encerra o conceito central de toda uma campanha, é nela que jaz o âmago da promessa básica da campanha. É nela também que se retoma o título, fechando o movimento circular que a peça de comunicação propõe.

3 Slogan

Temos todos tendência à generalização. Chamamos, com freqüência, coisas similares pelo mesmo nome. Chamamos Modess diferentes tipos e marcas de absorvente feminino, chamamos Danone toda a categoria de iogurtes. Convidamos colegas de trabalho para tomar um café e terminamos por beber água, chocolate quente ou chá. Essas simplificações da linguagem cotidiana, que chegam a níveis surpreendentes como no caso daquelas pessoas que designam tudo por "coisa" e todos por "cara", criando frases metafísicas como "O cara encontrou o cara e eles coisaram a coisa", são comuns no linguajar coloquial, porém, no ambiente profissional é importante ter completo domínio da terminologia correta. O meio publicitário, talvez por ser tão jovem e informal, é bastante complacente com incorreções terminológicas. Entretanto, à medida que a área se organiza e se sofistica, torna-se essencial utilizar corretamente os termos técnicos. Imagine um arquiteto que confunde viga com coluna, um advogado que troca liminar por mandato, ou ainda um médico que mistura estômago com esôfago... Da mesma maneira, publicitários devem dedicar-se a aplicar corretamente os termos da profissão. Um dos enganos mais comuns é o uso equivocado do termo slogan. Diga-se, em defesa dos confusos, que, de fato, a palavra slogan sofreu alterações em seu sentido no decorrer do tempo e de acordo com o desenvolvimento do fazer publicitário. Embora seja tecnicamente errado chamar, por exemplo, título de slogan – confusão bastante usual entre estudantes e jovens profissionais de comunicação –, é um erro compreensível, já que encontra sua origem na acepção ancestral da palavra.

3.1 Origens

Slogan, segundo o estudioso Olivier Reboul, é uma expressão de origem gaélica, *sluagh-ghairm*, que na velha Escócia significava o grito de guerra de um clã – uma frase curta, poderosa sonoramente, com força para incentivar os guerreiros a atacar seus inimigos. Ainda segundo o autor: "o inglês adotou o termo por volta do século XVI, para transformá-lo, no século XIX, em divisa de um partido, a seguir, em palavra de ordem eleitoral" (Reboul, 1975, p. 8). Note-se que, ao lado da questão da função dessa ferramenta (o grito de guerra), o slogan foi, logo de início, associado à questão política da comunicação. Assim, para iniciarmos nosso estudo do slogan, vamos analisar cada um desses vieses com um pouco mais de profundidade.

Em primeiro lugar, deve-se lembrar que convencer o público acerca da propriedade de uma atitude política ou ideológica, por exemplo, da necessidade de uma guerra, de um conflito com outro grupo social ou outra nação, é uma das características mais antigas da propaganda em si e do slogan em particular. O grito de guerra dos clãs escoceses tem como correlato as divisas de batalha dos mais diversos exércitos de todos os tempos. Note-se o que o próprio Hitler afirmou, em seu famoso *Mein Kampf*, sobre o slogan: "Toda propaganda eficiente deve limitar-se a muito poucos pontos, fazendo-os valer à força de fórmulas estereotipadas marteladas pelo tempo necessário para que o último dos ouvintes esteja em condições de reter a idéia" (apud Reboul, 1975, p. 8).

Então, a idéia do uso político da comunicação e da repetição exaustiva de uma fórmula está, por assim dizer, no DNA do slogan: frases simples, sonoras, repetidas à exaustão, fórmulas marteladas até penetrarem na mente dos consumidores, sem contestação, retruque ou discordância. Slogans existem para serem repetidos e seguidos, não para serem contestados ou discutidos. Esses vieses que se imbricam na origem da palavra dão importantes dicas de como, até hoje, apesar das várias transformações pelas quais passou, o slogan continua sendo uma poderosíssima ferramenta de comunicação.

Está, também, na origem do termo o princípio da confusão. Como gritos de clãs, gritos de guerra e palavras de ordem, os slogans foram inicialmente repetidos de boca em boca, sem utilizar dos meios de comunicação de massa para difundir-se.

Com o advento da propaganda e das técnicas profissionais de propagação de idéias, foram criadas mídias para veicular as mensagens. Cartazes talvez tenham sido umas das primeiras manifestações publicitárias. Assim, ao criar cartazes propagando determinado pensamento político, ideológico ou religioso, o artista gráfico responsável naturalmente aplicou o texto do slogan em tipos grandes no topo da página, ocupando o espaço que mais tarde veio a ser conhecido como o do título.

Fonte: Arquivo pessoal.

"Nós, trabalhadores franceses, avisamos... derrota significa escravidão, fome, morte."

Fonte: Biblioteca da Northwestern University.

"Este é um bom avião. Dê-nos mais. Mais produção."

Fonte: Biblioteca da Northwestern University.

"Trabalhadores livres vencerão."

Pôster de 1928, Cortesia de Dr. Robert D. Brooks.

"Liberdade para a Alemanha."

Pôster de 1928, Cortesia de Dr. Robert D. Brooks.

"Dois milhões de mortos.
Eles morreram em vão?
Nunca!
Soldados do *front*!
Adolf Hitler está
mostrando o caminho!"

Cortesia de Dr. Robert D. Brooks.

Os nazistas viam este como um dos seus melhores pôsteres, criado por Mjölnir. O título diz: "Nacional-Socialismo: o desejo organizado da nação".

Cortesia de Dr. Robert D. Brooks.

Pôster do período de 1930 a 1932 em que se lê "Morte à Mentira" e, no corpo da cobra, "Marxismo e Altas Finanças".

Aqui temos o típico slogan como palavra de ordem, essa enunciada pelo grande líder revolucionário Lênin. "Trabalhe como revolucionário."

Fonte: Arquivo pessoal.

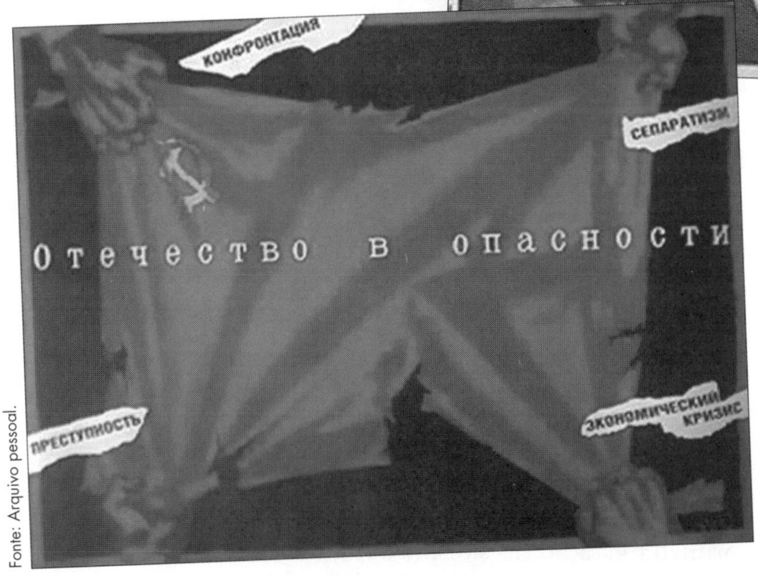

Fonte: Arquivo pessoal.

Aqui temos a imagem da bandeira sendo rasgada pelos "inimigos do estado" com a seguinte mensagem: "Nossa pátria está em perigo. Crise econômica, confrontação, criminalidade, separatismo".

Fonte: Arquivo pessoal.

Nesse derradeiro exemplo, notamos claramente a função do grito de guerra ou da palavra de ordem em uma passeata ou manifestação popular. O título diz "Paz, trabalho, Maio" e, na camiseta da personagem, "A revolução continua".

Nesses exemplos de cartazes de propaganda política ou de guerra, nota-se a presença do "grito de guerra" já adaptado às necessidades de comunicação de massa. O slogan transformou-se de comunicação um a um ou "um-a-muitos", como no caso dos clãs, para a comunicação de massa, mediada por cartazes de conteúdo político e ideológico.

3.2 Primeira Geração

Para se entender a primeira geração do slogan, é fundamental conhecermos a passagem da comunicação baseada em relações comunicativas – entre pessoas – para uma comunicação baseada em vínculos comunicativos – mediada pelos meios de comunicação e todas as especificidades deles, incluídas as limitações e necessidades de seus meios de produção e multiplicação. Quando passamos de um processo de comunicação "olhos nos olhos" para um processo de comunicação mediado, há uma grande alteração tanto no processo quanto na mensagem e também na relação que emissor e receptor têm com determinado veículo de comunicação. A ausência física do emissor na transmissão da mensagem gera uma série de limitações e subjetividades que precisam ser superadas por técnicas de comunicação para que a relação comunicacional seja eficiente. Em outras palavras, foi necessário desenvolver, desde o primeiro momento da comunicação de massa, novas maneiras de produzir efeitos de comunicação que substituíssem aqueles próprios da comunicação interpessoal. A fotografia da pessoa, sua fala, é apenas a mais óbvia maneira de emular a presença do enunciador. Na realidade, foi necessário, por parte dos comunicadores, desenvolver grande domínio das técnicas de comunicação, pois, com a falta do *feedback* imediato, próprio da comunicação interpessoal – na qual os enunciadores ajustam constantemente sua mensagem para que a compreensão seja mais eficiente –, o comunicador publicitário teve de prever as reações e as relações subseqüentes aos *inputs* da comunicação. Além disso, também foi obrigado a adaptar sua comunicação às limitações dos veículos, como qualidade de impressão, restrição de cores, imagem estática, linguagem estética própria deste ou daquele veículo, linha editorial, local em que o cartaz seria fixado e a conseqüente influência que esse local teria sobre a apreensão da mensagem, a maneira como o cartaz seria percebido pelo público, a distância de leitura e as possibilidades de apreensão que leitores mais ou menos cultos, letrados ou não, teriam daquela mensagem. Abre-se um grande leque de possibilidades, nem todas controláveis, que devem ser compreendidas e contornadas por esses novos profissionais da comunicação. A passagem da relação comunicativa para o vínculo comunicativo marca a *primeira geração* do slogan, do grito de guerra dos clãs à mensagem mediada por meios de comunicação de massa ou pela reprodutibilidade em série. Em linhas gerais, podemos afirmar que o emissor precisou de maior domínio técnico dos meios de comunicação. Estes passaram a funcionar como extensões do emissor (ou do homem, para citar McLuhan, 1971). Esse domínio ocorreu em dois diferentes níveis. O primeiro nível de domínio é o técnico: o nascente publicitário teve de aprender as características objetivas dos meios de comunicação com os quais estava lidando. Os pôsteres talvez tenham sido os primeiros, mas logo vieram os panfletos, o jornal, o rádio, as revistas e os demais suportes para a comunicação publicitária. Em cada um desses suportes as limitações técnicas e características específicas do meio tiveram importantes interações com a própria construção da mensagem, bem como com a expectativa de sua apreensão. O segundo nível sobre o qual publicitários tiveram de se debruçar foi o da retórica. Pode-se afirmar que muito do que foi escrito sobre retórica desde os fundadores da ciência, os gregos, até seus inúmeros desenvolvedores, escritores romanos, padres medievais, pensadores renascentistas, criadores iluministas e barrocos e até alguns artistas modernistas, foi produzido tendo em mente a retórica baseada na relação comunicativa, ou seja, na relação direta do falante com seu auditório. Contudo, do nascimento da propaganda nazista para cá, a alteração fundamental de relação para vínculo comunicativo gerou mudanças e adaptações substanciais nas maneiras de convencer da retórica clássica. O profissional de publicidade que criou os slogans das lutas ideológicas, nessa primeira geração, tentou, de alguma maneira, reproduzir em seu pôster o clima, a ambiência de um discurso político, de um grito do povo. As cores, as técnicas gráficas, a diagramação, o formato desse título, curto, sonoro, eufônico, com o "jeitão" de uma pessoa falando, foi o princípio da informalidade – que existe até hoje na publicidade –, segundo a qual tentamos fazer uma comunicação o mais próximo possível do consumidor.

No primeiro momento, contudo, essa informalidade era uma tentativa de deixar aflorar o enunciador na página do jornal ou na folha do cartaz. Slogan era então o título do anúncio. E esse título era carregado de fórmulas retóricas visando à repetição. Reboul talvez tenha sido o teórico que melhor estudou o slogan da primeira fase. Predominantemente político, o slogan tem como funções, segundo Reboul (1975, p. 11), fazer aderir, prender a atenção e resumir determinado pensamento. Slogans dessa época podem ser divididos em grupos de "frases de efeito", cujas formas Iasbeck (2002, p. 59-60) nos apresenta de maneira sucinta e que aqui reproduzimos:

> Refrão: forma que se repete regularmente num poema ou numa canção;
>
> Adágio: sentenças morais sobre a arte da paciência e a esperança;
>
> Parêmia: breve alegoria verbal, frase de efeito;

Jargão: sentença corrompida pelo uso excessivo ou idioleto profissional;

Clichê: frases vulgarizadas, consagradas pelo uso cativo e regular;

Divisa: sentença que se incorpora à marca, simbolizando uma idéia ou sentimento;

Lema: sentença que contém preceito a ser seguido;

Palavra de ordem: sentença autoritária que manda fazer alguma coisa;

Norma: síntese de um princípio, de um preceito, de uma regra, de uma lei;

Provérbio: sentença de caráter prático e popular, expressa de forma sucinta e geralmente rica em imagens;

Máxima: os princípios básicos e indiscutíveis de alguma ciência ou arte, sentença ou doutrina moral. Um axioma.

Hoje, ainda poderemos encontrar slogans que se encaixam nas definições expostas, mas, o ponto que queremos ressaltar é que, em todos os casos citados (com exceção talvez do refrão e da parêmia, de que trataremos mais à frente), os slogans baseados em figuras de efeito retórico são ordens ou ensinamentos do enunciador para o enunciatário. Entendemos que essa primeira fase dos slogans prima por uma abordagem paternalista e imperativa. A idéia que subjaz a essa forma de construção lingüística é a ordem. Determinado líder político (e mais tarde marcas ou produtos) ordena e os cidadãos (mais tarde consumidores) obedecem, aceitam, repetem. Não cabe contestação, tampouco relacionamento, convívio ou interação. A postura é de cima para baixo: o emissor manda, o receptor repete e obedece.

Os títulos com essa abordagem imperativa são gritados, prevalecendo neles a função conativa, centrada no "tu". São títulos em que o emissor ordena ou ensina ao receptor como deve agir, são mais freqüentes em propaganda de varejo, em que se utiliza mensagens focadas em vendas: compre, corra, aproveite, experimente, prove, comprove, veja, use, seja e assim por diante. É importante ter em mente que esse modo de fazer publicidade é mais comum e menos sofisticado em termos de técnica publicitária. Seus efeitos são limitados, uma vez que se baseiam em fórmulas já bastante utilizadas, gastas até, e que sua argumentação está necessariamente centrada em determinada oferta ou nas características físicas do produto, ou seja, seus atributos. Podemos considerar que o slogan das décadas de 1930, 1940 e 1950, tradução do grito de guerra dos líderes políticos, passou a ser utilizado, com algumas adaptações, para vender produtos; manteve-se a postura assertiva e superior da marca para com seus usuários. Essa postura agressiva, *hard sell*, está presente até hoje na publicidade comercial de varejo, mas não apenas nela. Esse tipo de relação da comunicação com o consumidor está presente quando o enunciador assume uma postura paternalista que ensina, às vezes carinhosamente, às vezes nem tanto, ao indivíduo como ele deve se comportar em público, que tipo de roupa, estilo, linguajar e, claro, produtos e serviços deve usar para ser aceito socialmente.

Repare que, atualmente, essa abordagem refere-se ao título dos anúncios, às chamadas dos comerciais e aos *spots*, e não mais ao slogan, pois este assumiu um papel bastante diferente no espectro da comunicação. O slogan não mais habita o topo da página nem é mais escrito em letras garrafais. Ele mudou de lugar, de função e de diagramação. Eis a *segunda geração* do slogan.

3.3 **Segunda** Geração

O desenvolvimento das técnicas de comunicação persuasiva mediadas pelos meios de comunicação de massa deu-se, geralmente, por tentativa e erro. Na primeira metade do século XX, prioritariamente por intuição dos publicitários; da década de 1950 em diante, com o crescimento do mercado de massa e auxílio de pesquisas de mercado. Claude Hopkins e David Ogilvy são alguns dos publicitários que foram fundamentais para o desenvolvimento do fazer publicitário. Eles adotaram a pesquisa de mercado como grande ferramenta para medir a eficiência da publicidade e tentar estabelecer padrões e procedimentos para esse novo mercado. Muito do que esses homens disseram, claro, foi superado. Mas as principais lições de como vender sem a presença do vendedor são, até hoje, aplicadas com sucesso no meio publicitário. Houve muitos estudos que buscaram as melhores maneiras de se comunicar por meio de jornais, revistas, rádios e TVs. Aos poucos, surgiram maneiras interessantes e eficazes de utilizar esses meios para transmitir mensagens, no início informativas, depois, com o aumento da concorrência e a comoditização dos produtos, a comunicação sofisticou-se em direção ao que hoje chamamos *branding*, a construção de marcas. Assim, foram criadas personalidades com as quais os consumidores se identificaram, estilos e jeitos de ser que fizeram dessas marcas únicas. Nesse processo, passou a ser cada vez mais importante criar mecanismos distintivos, que fizessem que uma marca fosse, aos olhos do consumidor, completamente diferente da sua concorrente. Os slogans, foram fundamentais nesse processo.

"Servimos bem para servir sempre", lema de tantas padarias, não pode ser considerado um slogan, já que não é nem um pouco distintivo da padaria anunciante. O slogan tem, portanto, a obrigação de ser um elemento definidor da personalidade da marca. Quanto mais exclusivo, ou seja, mais aplicável apenas a uma marca, melhor. Uma padaria perto de nossa casa utiliza o slogan "arte e talento". Ora, "arte e talento" é um slogan coringa, isto é, ele serve para praticamente qualquer coisa, de padarias a serralherias, de bancos a pizzarias. Slogans assim – e há vários – são não-slogans, são frases que estão lá, ao lado da logomarca da empresa apenas para poluir a comunicação, já que nada agregam de distintivo, de próprio, à marca.

A principal característica dessa *segunda geração* do slogan é exatamente a sua função. Agora o slogan não é mais o grito de guerra do clã, tampouco o título de uma mensagem comercial. O slogan é parte da assinatura, o slogan é parte da marca. É a versão textual da personalidade da marca, que tem seu equivalente visual no logotipo. Dessa forma, ao concluir o anúncio, é importante deixar claro ao consumidor quem é o anunciante. Seu nome, sua cara, sua visão de mundo. Logotipo/logomarca e slogan cumprem essa função. Visual e textualmente devem dizer, ainda que sedutoramente, que empresa é aquela, a que veio, como enxerga o mundo, e deixar subentendido que se determinado consumidor tem uma visão de mundo semelhante, ele é o consumidor "certo" para aquela empresa. Assim, slogan e assinatura também fazem parte do processo de segmentação que ocorre na escolha da marca de produto ou serviço a ser adquirido. Dessa maneira, o que se espera de um criativo ao criar um slogan é muito mais do que uma frase simpática, eufônica, que corresponda à proposta de vendas. O novo papel do slogan é apresentar a personalidade da empresa de modo simpático e sedutor; já a responsabilidade de apresentar o produto e oferecê-lo não é mais do slogan, e sim dos outros elementos do anúncio.

Al Ries e Jack Trout (1996) propõem que o caminho da publicidade passa necessariamente pela construção de uma imagem de marca para cada empresa, produto e serviço, que a mente das pessoas é simples e que por isso elas fazem associações diretas entre marcas e conceitos e que, se as marcas não construírem conceitos fortes de si mesmas, acabarão sendo confundidas com outras ou substituídas por aquelas cujos preços são mais baixos.

A idéia do posicionamento, a maneira pela qual a marca é percebida pelo consumidor, está na essência da função dessa segunda geração do slogan. Pode-se dizer que, para o consumidor, ao tomar conhecimento de uma nova marca, logomarca e slogan são os elementos pelos quais é mais fácil apreender a personalidade dessa marca. Naturalmente, toda comunicação, bem como as relações que estabelecemos com ela, a imagem anterior de marcas da mesma categoria provenientes da mesma região ou mesmo as imagens que outras pessoas têm dessa marca irão influenciar a nossa percepção. Contudo, é lícito propor que, de todo o espectro da comunicação de uma marca, logotipo e slogan são os elementos que transmitem maior intensidade e concentração da personalidade da marca.

Por essa razão, slogans são tão duradouros. É necessário ter em mente que não se muda uma personalidade de um dia para o outro. Com relação a uma pessoa, uma vez que se tenha uma imagem formada dela, é muito difícil mudá-la. Por esse motivo, a construção de um slogan é um processo lento, delicado e complexo; uma vez escolhido, convém que permaneça junto da marca por vários anos. Assim como o logotipo, o slogan pode sofrer alterações, atualizações ou mesmo mudanças radicais.

Contudo, é necessário ter em mente que, quanto mais se modifica – ou se tenta mudar – a imagem de uma marca, mais difícil será fixá-la na mente do consumidor. Mais do que isso, marcas necessitam de credibilidade. É como aquele político que tem um comportamento durante a campanha, é sorridente, simpático e bondoso, beija as criancinhas, conquista o coração e o voto do eleitor, mas, uma vez eleito, passa a exibir uma personalidade totalmente diferente e, em conseqüência desse ato, fica totalmente desacreditado. O mesmo ocorre com as marcas: se querem ser aceitas e respeitadas, precisam manter sua imagem, bem como sua forma de atuar no mercado, para que os consumidores tenham sempre uma imagem positiva delas. Os slogans contribuem para afirmar a razão de ser de uma marca, sua personalidade, e para, a cada peça de comunicação, reafirmá-la. Assim, um slogan tende a ser o mais duradouro elemento de comunicação. Há quem diga que se deve mudar slogans de tantos em tantos anos, afirmação com a qual não concordamos. Como elemento determinante da personalidade da empresa, entendemos que slogans, se bem construídos, devem durar muitos anos e, se houver necessidade de mudança, que seja apenas por razões competitivas, quando for necessário dar uma diferente personalidade à marca. É importante não confundir slogan com assinatura de campanha. Entendemos que a assinatura de campanha tem a durabilidade da campanha, ou seja, uma vez que determinada proposição básica não faça mais sentido, não surta efeitos, ou que, por motivos de concorrência ou de mudança nos hábitos dos consumidores, seja necessário alterar a proposição, é perfeitamente aceitável mudar a assinatura. A assinatura, presta-se sim, a movimentações competitivas e a mudanças no entendimento do consumidor. Já os slogans são parte da personalidade da marca, e não se muda a personalidade de uma hora para outra, conforme mudanças de mercado, sob risco de o consumidor passar a perceber aquela marca como sem personalidade, sem solidez, sem seriedade, como tantas pessoas que conhecemos e que mudam de opinião conforme a situação e acabam sendo malvistas por conta disso.

A descrição histórica feita até aqui apresentou um panorama da evolução do slogan no quadro das ferramentas publicitárias. Na prática, porém, podemos observar empresas que ainda utilizam slogans ao modo antigo. Veja, por exemplo, o slogan da Nossa Caixa, "Vem pra Caixa você também. Vem!", que explicita o DNA de grito de guerra do slogan. "Estão tirando o verde de nossas matas", da Fundação SOS Mata Atlântica, também contém essa idéia de grito, de apelo, comum em slogans do passado. Entre os slogans ao estilo "antigo", podemos citar aqueles que possuem rima ou outros recursos e, por esse motivo, acredita-se, conseguem ser mais lembrados, por exemplo: "Se é Bayer, é bom", "Pense forte, pense Ford", "Se a marca é Cica, bons produtos indica" e, mais recentemente, "Dúvida por quê? Sabão é Ypê!" e "Se o bar é bom, o chope é Brahma". Alguns destes têm a intenção de tornarem-se bordões, ou seja, de passarem a ser repetidos pelos consumidores. Entretanto, não basta ter rima para se tornar um bordão. O bordão tem uma série de características específicas que iremos abordar com mais detalhes adiante e, como slogans, ainda são antiquados, já que não se concentram em utilizar a ferramenta para construção da personalidade da marca.

Slogans que se tornaram clássicos como construtores e formadores da imagem das marcas têm sempre características definidoras dos diferenciais da empresa, sejam esses diferenciais físicos ou outros atributos da empresa. Nesse caso estão os dois slogans usados pelo Banco Itaú. É possível perceber que um é conseqüência lógica do outro: primeiro, "Banco eletrônico", depois, "Pronto para o futuro", que por vários anos contribuíram para a construção da imagem de um banco informatizado, ágil e moderno. A revista *Veja*, da Editora Abril, tem como slogan "Os olhos do Brasil", por meio do qual apresenta a revista e seu diferencial: enxergar a realidade brasileira. O diferencial trabalhado, contudo, não precisa ser um atributo da empresa, ele pode ser uma percepção subjetiva, uma idéia ligada à imagem da marca que se quer implantar na cabeça do consumidor. É claro que, para que essa idéia vingue, o diferencial subjetivo deve ter alguma relação com a percepção atual do consumidor sobre a marca.

Tomemos como exemplo o slogan que por muitos anos contribuiu para a construção da marca Volkswagen, "Você conhece. Você confia", que, baseado em uma impressão de confiabilidade que o produto já possuía, conseguiu fixar a marca como sinônimo de carros fortes, resistentes e confiáveis.

"A cerveja que desce redondo", da Skol, igualmente apresenta, de maneira bem-humorada e simpática, uma característica física que sugere conseqüências subjetivas ao consumidor. De um lado, a facilidade que é beber uma cerveja *pilsen*, leve, ao gosto brasileiro; de outro, as demais associações com o universo "redondo" facilitam uma percepção subjetiva de um universo rico e divertido. Um slogan como "Apaixonados por carro como todo brasileiro", da Ipiranga, apresenta claramente a perspectiva de mostrar a empresa por meio de seus valores e sutilmente dizer que, se o consumidor também é apaixonado por carros, esse é o posto de combustível dele.

A idéia da paixão, hoje tão freqüente na comunicação das empresas, talvez seja o caminho mais fácil para o passo seguinte: a *terceira geração* do slogan.

3.4 Terceira Geração

Na primeira geração, o slogan era o grito de guerra, a palavra de ordem, o título; na segunda, passou a representar a visão de mundo da empresa, a sua personalidade; a *terceira geração* do slogan está diretamente ligada ao que se convencionou chamar *branding*. Hoje, o tema é muito abordado por profissionais de publicidade, *designers*, consultores de marcas e de marketing e é visto como a tábua da salvação para muitas empresas que se envolveram excessivamente em estratégias promocionais e, como conseqüência, acabaram por ter seus produtos desvalorizados ou comoditizados aos olhos dos consumidores. A idéia que subjaz ao processo de *branding* é uma nova tentativa de tornar a empresa única aos olhos do consumidor, não apenas pela construção da personalidade da marca, mas pela integração da marca na vida, no dia-a-dia do consumidor. Agora não basta dizer quem aquela empresa é. É preciso demonstrar seu ponto de vista em relação à vida e ao mundo dos negócios. O novo estágio do desenvolvimento do marketing das marcas exige que a marca pertença à vida de seus consumidores.

Essa nova tendência tornou-se o foco de uma infinidade de empresas, que nem sempre experimentam o sucesso. Como tantos outros aspectos no mundo da publicidade, o conceito de *branding* tem sido absorvido de modo superficial e, como conseqüência, muitas empresas têm se empenhado em fazer campanhas com forte apelo emocional. É preciso separar as coisas. O aspecto emocional é, sem dúvida, um dos grandes canais para se abordar o consumidor. O modelo experimental hedonista, ou o consumidor dionisíaco, segundo a terminologia proposta por Carrascoza (2004), é sem dúvida um caminho de acesso à mente dos consumidores, especialmente eficaz quando eles não estão diretamente interessados no produto ou serviço divulgado. Então, o uso da emoção, do humor, do horror, do estranhamento e de outras tantas técnicas utilizadas para quebrar a percepção seletiva é uma ótima alternativa para conquistar a atenção e direcionar o pensamento do consumidor para a marca a ser anunciada.[1]

A emoção é um grande portal pelo qual se pode acessar a mente do consumidor, porém não é, necessariamente, a maneira adequada para se fazer *branding*.

[1] Sobre esse assunto, ver o capítulo Estratégias de Mensagem do livro *Redação publicitária: Sedução pela palavra.*

Não basta fazer comerciais com cenas amorosas para participar da vida das pessoas, não é tão simples. É necessário que se empreenda uma viagem para dentro dos consumidores, entender seus valores e pontos de vista. Sua maneira de pensar, agir e reagir aos estímulos do cotidiano e, a partir daí, propor um modo instigante de relacionar-se com o mundo, com a vida. Note-se que nessa fase o uso do produto nem sempre é necessário. Quando a Nike diz "*Just do it*" não está dizendo, necessariamente, algo como "faça esporte com nosso tênis". Sua proposição é muito mais ampla, trata-se de um jeito de relacionar-se com o mundo. É um slogan que fala às pessoas dispostas a "arregaçar as mangas" para fazer as coisas, uma mensagem que propõe uma abordagem ativa da vida. Essa abordagem está sim correlacionada com esporte, mas não de forma direta. É mais uma visão de mundo. É um slogan de terceira geração. Empresas tradicionais do segmento de produtos de limpeza, líderes de mercado como o sabão em pó OMO, que por anos basearam sua comunicação em preceitos de "comprometimento e consistência" (Shimp, 2002), deram uma guinada radical ao substituir a comunicação que por anos foi baseada em testes com consumidores e demonstração de produtos por uma abordagem muito mais humana, muito mais maternal, por exemplo, "porque se sujar faz bem", da Unilever. Essa abordagem da marca em relação ao seu produto não mostra mais aquela mãe executiva do lar que preza pela eficiência do seu sabão em pó, mas a mãe preocupada com o desenvolvimento saudável de seus filhos, que entende que fazer bagunça é próprio das crianças. Essa mudança demonstra o novo paradigma presente na *terceira geração* do slogan, em que a marca se imiscui e se mistura com o dia-a-dia do consumidor.

Tratando da pressão social intensa que todas as mulheres sofrem para ter corpos perfeitos e seguir padrões de beleza que nem sempre – ou quase nunca – se adaptam a suas características físicas e psíquicas, a Dove conseguiu achar um "ovo de Colombo" com a campanha "O sol nasceu para todas". Nela, a empresa exibe um grupo de garotas lindas, cada uma à sua maneira, todas fora dos padrões de beleza impostos pelo mercado da moda. As garotas de Dove demonstram como é possível ser alegre, feliz, feminina e sensual mesmo estando fora do padrão. Ao dizer isso para suas consumidoras, a marca achou uma maneira eficiente de penetrar em seu universo, viver suas inseguranças e propor um modo de vida, um jeito adequado e agradável de olhar para o mundo solucionando um problema social vivido pelas mulheres. É o estado da arte da construção

Fonte: Unilever Brasil.

Fonte: Unilever Brasil.

Fonte: Unilever Brasil.

de marcas. A maneira mais eficaz criada até o momento para aproximar-se das pessoas e misturar a marca no seu dia-a-dia, no seu rol de preocupações, é apresentá-la como solução, como uma maneira de viver em maior harmonia com produtos que "pensam, sentem e vivem" como seus consumidores, e não apenas apresentar o produto e seu uso específico.

A criação de um slogan envolve muitas horas de pensamento e não poucos *insights* são jogados fora pela inadequação ao conceito do cliente, da concorrência e do consumidor. O desenvolvimento de novos slogans passa necessariamente por esses três estágios. No primeiro, é fundamental que se conheça a fundo a empresa anunciante. Um slogan está tão ligado à personalidade da marca que a compreensão de como essa marca "funciona" é essencial para que o slogan "vista" a marca. Entender profundamente a empresa e construir um jeito de, simpaticamente, ressaltar seu diferencial, sua maneira de fazer negócios, é um modo da segunda geração de slogans.

No segundo estágio, para atingir um slogan de terceira geração convém que o criativo, além de conhecer muito bem a empresa, sua filosofia e procedimentos, mergulhe na vida do consumidor para descobrir que relações ele tem com a vida e com o mundo que o cerca, quais dessas relações são mais importantes, como ele se dedica a cada uma delas e de que maneira ele vê seu papel no universo em que está inserido. Essas informações raramente vêm de maneira clara, objetiva e cristalina, tampouco o resultado final, a criação do slogan, mostrará de forma clara e pragmática essa visão de mundo. A transposição de uma afirmação objetiva para uma frase com a "cara" da empresa e com o "jeitão" do consumidor é o verdadeiro desafio da criação de slogans.

O terceiro fator que deve ser considerado e que, não raro, é um grande complicador nesse processo criativo, é a concorrência. Segundo Ries e Trout (1986), a mente do consumidor é simples. Ele não dedica às marcas o tempo e a atenção que nós, profissionais da área, dedicamos. Assim, é comum que os consumidores associem marcas a uma única característica que a defina. Nesse caso, conhecer a concorrência é crucial para o sucesso na criação de um slogan. Convém evitar proposições de posicionamentos muito similares a posicionamentos já adotados pela concorrência sob o risco de o consumidor simplesmente transferir sua comunicação para a marca que ele associa com determinado conceito. Por essa razão, e para tornar ainda mais difícil a criação de um grande slogan, é fundamental dizer de forma bem diferente da concorrência. Não é tarefa fácil, em especial se levarmos em conta que concorrentes são aquelas empresas que produzem produtos similares para um mesmo público. Assim, é muito provável que a percepção do consumidor em relação às marcas concorrentes em uma categoria seja bastante similar. É sempre bom lembrar que a essência do nosso negócio é criar diferenças entre as outras marcas e a nossa, sejam essas diferenças físicas, subjetivas, ou somente na compreensão da personalidade dos consumidores.

Vejamos, por exemplo, o caso dos bancos, que, até por serem regulados pelo Banco Central, oferecem serviços muito similares. Com comunicação soberba, os principais bancos privados nacionais construíram uma imagem exclusiva e diferenciada para si. O Bradesco apela para a extensa gama de serviços prestados e em seu slogan, dos mais enxutos, informa exatamente isso: “Bradescompleto”. Um posicionamento baseado em atributos. Já o Itaú, que por anos divulgou o “Banco eletrônico” e depois “Pronto para o futuro”, decidiu aproximar-se do consumidor com o simpático “Feito para você”, slogan, aliás, que embasa toda sua campanha e que é colocado como parte do texto de grande parte de seus anúncios. Trata-se de uma estratégia que, certamente, fixará e reafirmará a proposição básica daquele slogan, demonstrando por meio dessa e daquela oferta o significado de “Itaú – Feito para você”. Assim, temos um slogan que se encontra em uma posição intermediária entre a segunda e a terceira gerações de slogans.

Fonte: Banco Itaú.

Finalmente, temos o Banco Real, que recentemente mudou de slogan, passando do "O banco da sua vida" para uma posição estrategicamente muito mais envolvida com a visão de mundo do consumidor. A abordagem ecológica e politicamente correta do banco, suportada pelo uso de papel reciclado e por outras tantas ações corporativas que demonstram comprometimento social, respaldam o "Fazendo mais que o possível" como uma maneira própria daquele banco – e de seus clientes – se relacionar com o mundo à sua volta. Convém notar que o texto em si "Fazendo mais que o possível" poderia ter um significado diferente da intenção do banco. Poderia, em função da maneira de comunicar essa afirmação, ter um sentido próximo ao proposto pela locadora de carros Avis com seu famoso "*We try harder*", que no Brasil foi traduzido para "Fazemos mais por você". Contudo, a comunicação do Real deixa claro que o sentido de seu slogan é outro. Se na Avis fazer mais significa trabalhar mais duro, no Real, fazer mais está relacionado com a busca de harmonia na vida e nas relações comerciais. Daí depreendemos que o slogan não é uma peça isolada da comunicação da empresa; muito pelo contrário, é a parte mais visível do posicionamento de uma empresa, mas sua aplicação vai depender da forma pela qual a criação aborda o tema e integra o slogan em todo o pacote comunicacional da empresa.

Slogan sozinho não posiciona uma marca, até porque o processo de desenvolvimento expresso neste capítulo, o slogan, perdeu uma de suas mais importantes características, a da repetição, que o grito de guerra ancestral possuía e que foi perdida no decorrer do processo. Porém, fazer propaganda, continua sendo repetir e, com sorte, ser repetido. Bater, bater, bater até entrar na cabeça do consumidor de modo que, quando ele estiver no ponto-de-venda, lembre-se da marca e, melhor ainda, da mensagem. Entretanto, com o desenvolvimento do slogan, sua transformação em uma peça mais conceitual da marca, o apelo sonoro, eufônico, tão importante para se obter a repetição necessária à apreensão e recuperação da informação, ficou perdido. A publicidade não pode perder esse apelo, essa maneira de se fazer lembrar e, por isso, foi necessário criar outra figura, outra ferramenta de comunicação que também passou a ter grande importância no processo. Para conseguir o efeito de repetição perdido, especialmente nas mídias eletrônicas, criou-se o bordão, tema do próximo capítulo.

4 Bordão

O universo da publicidade vive constantemente em busca de novos modos para atrair a atenção dos consumidores para as marcas anunciantes. Agências de propaganda procuram cada vez mais suplantar suas concorrentes criando campanhas publicitárias mais interessantes, engraçadas, trágicas, emotivas, românticas, enfim, buscam formas criativas de maximizar os investimentos publicitários, gerando retorno do capital investido em comunicação e diferenciando os produtos anunciados de seus similares.

Uma das maneiras mais eficazes de conseguir que os consumidores se lembrem da marca anunciada é criar bordões que passem a ser repetidos pelas pessoas. Um bordão, *grosso modo*, é uma frase, uma expressão, inserida no texto de uma peça publicitária, quase sempre investida de humor, com o papel de conclusão de um pensamento, cena, situação ou argumentação presente no comercial. Assim, o bordão "fecha" o texto, conclui a idéia de forma inusitada. É por esse caráter bem-humorado e inovador de encerrar um assunto que o bordão passa a ser repetido pelo consumidor em situações diversas e incorpora-se no seu discurso oral – essa parece ser a principal característica distintiva do bordão em relação a outros elementos presentes nas peças publicitárias, como os títulos e os slogans. Em outros termos, trata-se de um enunciado que, lançado pela publicidade com uma acepção inusitada, ganha as ruas e pode transformar-se em um "dizer" popular.

Quando um bordão "cai na boca do povo", a marca passa a ser repetida gratuitamente pelo consumidor, maximizando o investimento em comunicação.

Dada a extrema competição presente no meio publicitário, muitas empresas e agências já tentaram, a maioria em vão, fazer que seus bordões "pegassem". Poucas, no entanto, conseguiram conquistar essa tão desejada mídia gratuita.

Estratégias de comunicação que visam à diferenciação e ao aumento do valor da marca utilizam, com freqüência, a tática de tentar "implantar" bordões. O uso de bordões é uma maneira eficiente de aumentar a visibilidade de uma marca e diferenciá-la de seus concorrentes, mesmo em situações concorrenciais em que os produtos são similares, muito próximos entre si. Talvez em situações como estas seja ainda mais importante criar a diferenciação baseando-se na percepção da marca, em características subjetivas do produto ou serviço anunciado, no grupo de consumidores que o utiliza. Em casos assim, os bordões são eficientes ferramentas de diferenciação.

Além da mídia gratuita, pois cada vez que repetimos um bordão estamos propagando gratuitamente a mensagem de um anunciante, o bordão apresenta grande durabilidade, muito superior à média das mensagens publicitárias que não recorrem a essa ferramenta. Há bordões que deixaram de ser veiculados há muitos anos, mas permanecem na mente dos consumidores; em alguns casos, mantêm-se na linguagem oral por décadas, como é o caso, apenas para citar um exemplo, do clássico bordão criado e interpretado pelo saudoso autor de *Saudosa maloca*, Adoniran Barbosa, para a cerveja Antarctica – "Nós viemos aqui pra beber ou pra conversar?" – veiculado na década de 1970, hoje, 30 anos depois, ainda se ouve as pessoas repetindo esse velho bordão nas mesas dos bares.

Há muitos bordões com mais de 30, 40 anos. Bordões, quando se tornam parte da linguagem oral de determinada população, ganham em longevidade. Em alguns casos, os produtos que lançaram os bordões já deixaram de ser fabricados, mas os ditos continuam no linguajar da população, como os que vêm a seguir:

"Nós viemos aqui pra beber ou pra conversar?" (cerveja Antarctica, criado e interpretado por Adoniran Barbosa)

"Denorex. Parece mas não é." (xampu anticaspa Denorex)

"*Dura lex, sed lex*, no cabelo só Gumex." (fixador Gumex)

"Ei, ei, lembra da minha voz? Continua a mesma. Mas os meus cabelos, quanta diferença." (xampu Colorama)

"Bocomoco." (guaraná Antarctica)

"Tomou Doril, a dor sumiu." (Doril)

"Melhoral é melhor e não faz mal." (Melhoral)

"As flores desabrocham com o sol e a beleza das mulheres com o creme Rugol." (creme Rugol)

"O negócio é levar vantagem em tudo, certo?" (cigarro Vila Rica)

"Não esqueça da minha Caloi." (bicicletas Caloi)

"Eu sou você amanhã." (vodca Orloff)

"Merece uma Kaiser." (cerveja Kaiser)

"Dá pra tomar uma Kaiser antes?" (cerveja Kaiser)

"Não é assiiim... uma Brastemp." (Brastemp)

"Faz cara de conteúdo." (Estadão)

"Pois é." (Vimave)

"Bonita camisa, Fernandinho." (US Top)

"Danoninho vale por um bifinho." (Danoninho)

"51: uma boa idéia." (Caninha 51)

"Chama o velho que vem coisa boa." (Velho Barreiro)

"Deu duro? Tome um Dreher." (conhaque Dreher)

Em um universo que recorre intensamente a pesquisas, estudos e consultorias, é surpreendente que não haja, ainda, trabalhos acadêmicos acerca desse fenômeno de comunicação.

Em nossa experiência profissional como redatores publicitários e como professores de redação publicitária e processos de criação, tivemos a oportunidade de acompanhar a extrema mobilidade da publicidade. A evolução do modo como é criada e transmitida a mensagem publicitária tem demonstrado uma forte tendência à síntese, à velocidade e ao alto impacto da mensagem. Na competição com o chamado efeito *zapping*, cabe à publicidade potencializar o impacto da mensagem. Segundo Machado (1993, p. 143): "A programação televisual torna-se, em conseqüência e cada vez mais, um imenso e infinito *jingle* comercial. Inova-se na técnica do anúncio publicitário, produzindo *spots* cada vez mais curtos, cada vez mais rápidos (...)" .

O publicitário hoje tem menos tempo da atenção do consumidor para fixar marca e mensagem em sua cabeça. Acreditamos que o bordão é uma das formas mais sintéticas e, portanto, mais eficazes, de transmitir ao consumidor os conceitos referentes à marca.

Diferentemente de todos os outros elementos formadores dos anúncios e comerciais, os bordões possuem essa característica distintiva e por isso são ainda mais interessantes, visto que extrapolam o espaço da publicidade ao serem absorvidos pela sociedade. O bordão torna-se expressão, "dizer" popular, passa a compor o vocabulário da linguagem comum e, de certa forma, legitima a propaganda como enunciadora na cultura popular.

Em 2003, realizamos duas pesquisas para tentar compreender melhor o fenômeno do bordão. A primeira pesquisa foi realizada com o objetivo de verificar se o bordão é, de fato, parte da linguagem comum de ampla comunidade. Nesse sentido, essa pesquisa investigou o uso efetivo dos bordões publicitários pela população de São Paulo em sua linguagem cotidiana, ou seja, foi observado se o cidadão de São Paulo de fato entende, incorpora e utiliza, em diferentes circunstâncias, bordões lançados pela publicidade.

Em relação ao primeiro objetivo proposto, podemos dizer que a apreensão dos bordões se dá de maneira generalizada pela população, com uma queda no nível de compreensão entre os respondentes da classe E.

Quanto ao segundo objetivo, constatamos que as classes superiores, a A1 em especial, embora compreendam o sentido do bordão, tendem a não utilizá-lo, enquanto as classes B1, B2 e C são as maiores entusiastas da utilização dos bordões. A classe E, dado o seu baixo nível econômico e provável equivalente nível cultural, apresentou grandes dificuldades de compreensão e de utilização dos bordões.

Observamos, ainda, a característica dos bordões de serem extremamente datados, isto é, bordões que foram veiculados há muitos anos são bem menos lembrados do que bordões que estão presentes na mídia atualmente. É necessário distinguir aqui o bordão de época, como o divertido "Será?", da cerveja Skol, veiculado no verão de 2004, que fez sucesso por algum tempo, mas que, quando deixou de ser apresentado, foi abandonado pela população, de outros bordões que atingem o ápice da comunicação ao tornarem-se expressões populares, como o famoso "Bonita camisa, Fernandinho", da US Top. Entre os bordões datados, tome-se, por exemplo, o bordão da vodca Orloff ("Eu sou você amanhã"), que teve desempenho bastante inferior a seus pares mais recentes. Esse fator é relevante na medida em que demonstra a importância da exposição na mídia e da adoção por parte da população para a longevidade dos bordões. Há casos de bordões bem-aceitos pelos consumidores, mas que, por razões variadas (como mudanças no planejamento de comunicação ou mudança de agência de propaganda), deixam de ser veiculados. Como exemplo, citamos o recente bordão da cerveja Kaiser – "Dá pra tomar uma Kaiser antes?" – que, apesar da boa recepção, tende a cair no esquecimento, pois foi substituído na mídia por " Merece uma Kaiser" e, o mais novo, "Vem, vem, vem, Kaiser, vem".

De maneira geral, podemos dizer que a durabilidade dos bordões está relacionada ao seu tempo de veiculação. Exceções existem, como é o caso da famosa lei de Gerson – "Brasileiro gosta de levar vantagem em tudo, certo?" –, mas trata-se de um caso isolado.

Não obstante sua dependência da mídia para sobreviver, o bordão é um elemento que interfere na dinâmica da língua falada e, por esse motivo, é digno de ser estudado como manifestação que surge na publicidade e passa a ser adotada pela sociedade por certo tempo.

Dado que o bordão publicitário é a repetição cotidiana de termos ou expressões lançadas pela publicidade e que o bordão é um elemento fundamentalmente oral, sentiu-se a necessidade de executar um levantamento diacrônico dos bordões que fizeram sucesso no Brasil na segunda metade do século XX.

4.1 Do Refrão ao Bordão – Primeira Geração

Após um estudo aprofundado da história do bordão nos últimos 50 anos, inclusive com entrevistas feitas com grandes publicitários do passado e do presente, parece-nos claro que o bordão em seu formato publicitário sofreu grande transformação na segunda metade do século XX.

A exemplo das distinções apresentadas no Capítulo 2, acreditamos ser possível propor três fases para o bordão. Poderíamos dizer que a primeira geração está diretamente associada ao aproveitamento da sonoridade da figura no panorama da peça publicitária. Seria então a versão sonora, como aporte de melodia do grito de guerra do slogan ancestral.

Inicialmente, era confundido com o refrão proveniente dos *jingles* publicitários. Há que se esclarecer que essa correlação do bordão com o refrão é pertinente, uma vez que o rádio era, nas décadas de 1950 e 1960, o maior veículo de comunicação de massa. A televisão dava seus primeiros passos, e segundo Marcondes (1994, p. 27):

> (...) aqui no Brasil, foi nos anos 50, de forma precária, provisória, absorvendo profissionais que vieram do rádio, cinema, teatro, do jornalismo e que, em estúdios ainda improvisados, tentavam preencher o espaço de programação através de muito experimentalismo.

Nessa época, portanto, o rádio concentrava os maiores anunciantes, bem como os profissionais de comunicação mais talentosos. *Jingles* criativos eram cantados em todos os lugares, de bondes a colégios.

> O slogan [aqui entendido como bordão] sofre influência direta das transformações da mídia. Na época dos "reclames" o slogan era difundido sobretudo pelo rádio; como devia concentrar o essencial da mensagem publicitária tinha uma estrutura bem rígida, rimas e jogos de palavras. (Maingueneau 2002, p. 172)

Entre eles, um clássico, o famoso *jingle* do refrigerante Grapette, "Quem bebe Grapette repete", era repetido à exaustão. Havia um jogo de palavras e uma cadência que chegou a virar brincadeira entre as crianças da época, que tinham de repetir (cantando) o *jingle* sem se confundir.

Fonte: Saborama Sabores e Concentrados.

"Quem bebe Grapette repete Grapette.
Grapette é gostoso demais.
Quem bebe Grapette repete Grapette.
Grapette é gostoso demais.
Beba Grapette, você vai adorar seu delicioso sabor de uva.
Um sabor que se renova a cada garrafa.
Quem bebe Grapette repete Grapette.
Grapette é gostoso demais
Quem bebe Grapette repete Grapette repete Grapette.
Grapette é gostoso demais
Grapette é gostoso demais
Grapette é gostoso demais"

A melodia e a repetição que o rádio tornou possível permitiram retomar a face redundante do apregoar publicitário de modo mais lúdico e interessante. Por muitos anos os *jingles* concentraram-se em criar o que o mercado passou a chamar "chiclete": melodias repetitivas que grudam na cabeça do ouvinte fixando a marca de maneira muito intensa. Reconstitui-se assim, com o uso dos recursos da mídia eletrônica, o poder de repetição e sonoridade antes presentes nos gritos de guerra. Nessa primeira geração do bordão, o grito de guerra foi incrementado com a melodia e a repetição, quando não presente na própria peça publicitária – como é o caso de Grapette – e se dava pelo controle da mídia, pela possibilidade de programar uma grande quantidade de inserções na programação radiofônica.

Mas não só de grandes *jingles* surgiram os bordões da década de 1950. Em *spots* de rádio eram repetidos à exaustão bordões poderosos, como: "*Dura lex sed lex*, no cabelo só Gumex" (fixador Gumex) e "Nove entre dez estrelas usam sabonete Lever" (Lever). Baseados em *jingles*, encontramos também: "As flores desabrocham com o sol e a beleza das mulheres, com o creme Rugol" (Rugol).

Na década de 1960 houve um grande desenvolvimento da indústria de comunicação. Na propaganda, a instalação de grandes multinacionais norte-americanas deu o tom à comunicação da época, segundo Ramos:

> Algumas agências americanas ditaram a norma de criação. Algumas agências brasileiras a seguiram. Chegou-se mesmo, em certos casos, às que projetaram tom individual em diferentes campanhas, sua marca pessoal acima dos produtos e clientes. No entanto, até a fase mais japonesa (copiar, diminuir, baratear) foi positiva. Resultou na melhoria geral do padrão criativo. (Ramos, 1987, p. 77)

Os anos de 1960 foram prolíficos também em criação de slogans e jingles inesquecíveis. Entre eles "Alô, quem fala? É a tosse. Como vai a senhora?" (xarope São João), "Maria, sai da lata!" (óleo Maria), "Melhoral, é melhor e não faz mal!" (Melhoral), "Varig, Varig, Varig", "Quem bate? É o friiiooo" (Pernambucanas) e o minimalista: "Kolynos, Ah!", segundo dizem, o menor slogan/bordão do mundo.

4.2 Segunda Geração

A década de 1970 trouxe um furacão de esperança aos brasileiros e uma forte onda de exaltação no país. Vivíamos a ditadura e o nacionalismo era o tom da época. O milagre brasileiro trouxe, com as intensas mudanças estruturais do país, alterações na forma de criar e veicular propaganda. A TV consolidou-se como meio de comunicação de massa, com 13 milhões de receptores e 70 milhões de telespectadores (Ramos, 1987, p. 92), a "novela das 8" e o *Jornal Nacional* tornaram-se os programas mais assistidos; do ponto de vista criativo, Ramos (1987, p. 96) relata:

> A criação nos trará uma ainda maior identificação do produto com o consumidor. A criatividade musical vai dar a nota, com grandes temas que marquem, preparando o terreno para a mensagem, a tendência da arte será formular o mosaico do mundo em processo e mostrá-lo com as cores do mundo vindouro. A velocidade é o nome do jogo, a língua a ser falada é a da

emoção, é permitido permitir. Mais do que nunca se produz o novo, e consome-se o novo. (...) Os anos 70 deverão ser libertários, responsáveis, individualizantes. Vertiginosamente.

Em termos de bordão também tivemos a euforia criativa que acompanhou a *segunda geração*. A passagem do rádio para a TV forçou os publicitários a remodelarem a linguagem da comunicação. Inicialmente, a publicidade na TV era muito explicativa, com longas demonstrações de produto diante de um auditório encantado com as novidades da indústria. Ao final, sempre um *pack shot* do produto ou marca anunciada e seu slogan. Surgiram então bordões um tanto híbridos, resultados de experiências feitas pelos publicitários da época: havia de bordões institucionais, criados para alimentar o nacionalismo proposto pelo governo militar, como o famoso "Esse é um país que vai pra frente", até situações estapafúrdias, como a inauguração de uma estátua em uma pequena cidade do interior e de repente essa estátua cria vida, vira para o público do evento e pergunta: "Nós viemos aqui pra beber ou pra conversar?" (Antarctica).

Essa segunda geração do bordão, marcada pelo experimentalismo, teria sido um momento em que o bordão surgia espontaneamente, sem planejamento por parte do criativo. Nessa fase, surgiram alguns bordões que estão presentes em nossa memória até hoje, como "O frango mais veloz do mundo" (Sadia), "Pompom com Protex protege o nenê" (talco Pompom), "Bombril tem 1001 utilidades" (esponja de aço Bombril), "Ei, ei, lembra de mim? Minha voz continua a mesma, mas os meus cabelos..." (xampu Colorama); "O negócio é levar vantagem em tudo, certo?" (cigarro Vila Rica), "A primeira faz tchan, a segunda faz tchun e tchan, tchan, tchan!" (Prestobarba), "Benhê, tá com o Credi Buri aí, tá?" e ele respondia: "Tôôôôôôô!" (Lojas Buri), "Fala, dona girafa, fala... Girafa não fala" (Amendocrem), "Pois é" (Vimave) e o inesquecível bordão da Caloi.

Fonte: Caloi.

Note-se que não há um estilo próprio nos bordões dessa fase, eles são tão diversos entre si quanto os recursos utilizados para que determinada frase caísse no gosto das pessoas: da voz fininha e irritante para anunciar o xampu Colorama, o uso da sonoridade e da aliteração como é o caso de Protex, o inesperado da situação que é tentar conversar com uma girafa ou a reprodução de uma cena cotidiana como no bordão da Buri. O bordão da *segunda geração* é a cara do momento. A publicidade estava encantada consigo mesma. A tecnologia da televisão, somada ao crescimento da classe média e à chegada de uma infinidade de produtos de consumo que atiçaram o desejo da população, colocaram a publicidade na confortável posição de que praticamente tudo que fosse anunciado vendia. Clientes felizes deixavam os publicitários livres para desenvolver essa nova linguagem da televisão, de buscar maneiras inovadoras, menos formais e explicativas de falar de suas marcas. Foi nesse contexto que, por sorte, surgiam os bordões. Foram experiências que deram certo, que caíram no gosto da população. É importante ressaltar, contudo, que nessa fase não havia uma busca consciente pelo bordão, o que havia era uma percepção de que quando uma frase advinda da propaganda chegava ao linguajar cotidiano da população era um grande sucesso e tinha, obviamente, resultados positivos em relação às vendas das marcas anunciadas. Logo, os publicitários sentiram que se vendiam bem com sua publicidade experimental, poderiam vender ainda melhor se tivessem um objetivo claro de comunicação. Em paralelo, as coisas já não estavam tão fáceis para os publicitários, pois mais e mais marcas se instalavam no Brasil, aumentando a concorrência, e os consumidores, por sua vez, se tornavam mais exigentes. Era o início dos anos 1980.

4.3 Terceira Geração

Na década de 1980, tivemos um expressivo crescimento da cultura do consumo, do descartável, do plástico. Foi a época dos *yuppies*, jovens especuladores da Bolsa de Valores que ganhavam muito dinheiro, muito rápido, e faziam questão de comprar e mostrar todos os bens adquiridos. Essa gana de crescer, conquistar e dominar rapidamente se estendeu para o meio publicitário, sempre muito permeável às mudanças na sociedade. Se até a década de 1970 o bordão era um bem-vindo golpe de sorte, na década de 1980 tornou-se necessário criar bordões desde o começo. Mais planejamento, mais domínio da técnica e mais vontade de conquistar a preferência do público inauguraram a *terceira geração* do bordão, aquela em que passou a haver uma busca consciente por frases com poder de comunicação para transformarem-se em bordões. Nesse período, tivemos bordões como: "Tomou Doril, a dor sumiu" (Doril), "O tempo passa, o tempo voa, e a poupança Bamerindus continua numa boa..." (Bamerindus), "Põe na Consul" (Consul), "É mais que pneu, é pneu com aço, é o pneuaço. Grand Prix S é o pneu de aço da Goodyear. Repete!" (Goodyear), este, vale ressaltar, inclui o "repete!" no final, incitando o consumidor a repetir o bordão. Tivemos ainda "Bonita camisa, Fernandinho" (US Top), "Eu sou você amanhã" (Orloff), "51: uma boa idéia" (caninha 51), "Daí, a binha bãe bassou Bicky Baporub em bim!" (Vicky Vaporub).

Fonte: Alpargatas.

Pela forma como os bordões foram criados, é possível notar que os criativos já possuíam, a partir da década de 1980, técnicas que aumentavam a chance de um bordão "pegar". Rimas, repetições e linguajar infantil foram algumas das técnicas herdadas do humorismo televisivo e que enriqueceram o vocabulário do consumidor brasileiro por meio da propaganda. Percebe-se também que na maioria dos bordões da época o nome do anunciante fazia parte da frase, de modo que aquele bordão, se pegasse, garantiria a repetição da marca, do produto anunciante. Já se trata de uma abordagem mais técnica, mais direta, mais objetiva de conseguir utilizar o bordão como ferramenta criativa para alavancar os resultados de vendas e de consciência de marca.

Por fim, chegamos à década de 1990, época do lançamento do nosso modelo maior de bordão, o "Não é assiiim... uma Brastemp" (Brastemp) e muitas outras excelentes soluções publicitárias, entre elas: "Deu duro? Tome um Dreher" (conhaque Dreher), "Chama o velho que vem coisa boa" (cachaça Velho Barreiro), "Dá pra tomar uma Kaiser antes?" (cerveja Kaiser); "Lojas Marabraz, preço menor ninguém faz!" (Marabraz), "O mundo está ficando muito complicado" (Estadão), "A diferença é que o Estadão funciona" (classificados do Estadão) e "Não dá para não ler" (*Folha de S.Paulo*).

4.4 Definição de Bordão Publicitário

Já que fizemos um levantamento diacrônico dos bordões que povoaram nossa linguagem nos últimos 50 anos, faz-se necessário definir bordão e apresentar suas características e distinções em relação a outros elementos da comunicação, entre eles, seu parente mais próximo, o slogan.

Em propaganda, o bordão geralmente é uma frase usada como a conclusão de um raciocínio apresentado em determinada peça publicitária com a intenção fundamental de gravar de forma indelével não apenas a mensagem contida naquela campanha, mas, principalmente, a marca patrocinadora.

O bordão é criado e veiculado tendo em vista a repetição. Diferente do slogan, seu objetivo é expor ao consumidor a imagem da marca e fixá-la na mente das pessoas (ou expor e fixar a imagem que a marca quer ter) e da assinatura de campanha, que visa concluir de modo impactante a proposição lógica do texto publicitário, o bordão *quer ser repetido*. Trata-se de uma tentativa da agência de propaganda de criar moda verbal, lançar enunciados que, por suas características de sonoridade ou de humor, caiam no gosto da população e passem a ser repetidos e utilizados na conversa cotidiana.

Parece claro que o objetivo de se criar bordão é a repetição gratuita da marca do anunciante que o uso popular irá provocar. Veicular mensagens publicitárias é uma atividade extremamente custosa e envolve verbas que chegam a muitos milhões de reais. A tentativa de criar um bordão e fazê-lo ser repetido pela população é uma inteligente forma de maximizar a eficiência do investimento publicitário. Mais que isso, procuramos demonstrar em que medida o bordão é um importante fator diferenciador da marca patrocinadora de seus concorrentes. Se bem-sucedido, o bordão anunciará sozinho e gratuitamente a marca criadora desse mote verbal. Para obter sucesso, porém, especialmente no Brasil, é necessário que o bordão carregue consigo uma nota de humor, de moda, de contemporaneidade. O consumidor, ao adotar uma nova expressão, quer beneficiar-se dela, deseja mostrar-se "antenado" com o que está na moda e com o que se passa ao seu redor, ele quer fazer sorrir seu interlocutor, cativá-lo, seduzi-lo.

A propaganda, para persuadir o consumidor à compra, busca sempre se parecer com ele em sua melhor forma, demonstrando quão lindo, alegre, feliz, de bem com a vida e consumindo o produto o consumidor pode ser; a propaganda incentiva-o a agir assim. O consumidor, por sua vez, querendo de fato ser lindo, alegre, feliz e de bem com a vida, decide consumir determinado produto, que completa a cena mental em que ele está (tão bem) posicionado. Sobre esse tema, Pinto (1997, p. 33) cita Lacan explicando:

> (...) a publicidade aproveita um fenômeno cognitivo de formação da identidade descrito por Lacan como a "fase do espelho" que explica a formação da consciência no ser humano. Segundo este autor, a consciência não é inerente, ela é uma criação, uma construção ideológica que se inicia com o reconhecimento de si mesmo como diferente dos outros pela observação da própria imagem refletida no espelho.

Adiante, a autora completa:

> O sujeito cria, nesta fase, uma imagem imaginária de si próprio, decorrente dessa que visualizou, que é una, coerente, e possui um sentido de "totalidade" que o sujeito real não consegue ainda ter. Esta imagem torna-se seu "objeto de desejo", pois o sujeito ambiciona fundir-se com este "Ego-Ideal" que é a sua própria imagem refletida no espelho. (Pinto, 1997, p. 33)

O bordão amplia e potencializa esse sistema, dando ao consumidor a possibilidade de fazer ainda mais intensamente parte desse processo ou dessa interlocução. Não seria exagero afirmar que o bordão tem entre suas características distintivas o fato de verbalizar na mensagem comercial a enunciação que caberia ao consumidor, ao receptor da mensagem. Ao inserir na mensagem publicitária a "fala" do próprio consumidor, o bordão, além de verbalizar a expressão do próprio consumidor, aumenta o elo entre a mensagem e seu receptor. Envolve o consumidor em uma interlocução ativa, muito mais poderosa que a mera recepção da mensagem. Podemos, inclusive, rastrear essa maneira de envolver o espectador e encontrar antepassados dos bordões na forma ancestral de contar histórias. Desde tempos imemoriais, contadores de histórias desenvolveram métodos para cativar a atenção do público. Segundo Spina:

> Sabe-se que a canção e o conto são considerados como formas elementares da atividade literária primitiva. E o conto aparece freqüentemente invadido pelos recursos da repetição, muitas vezes até o estribilho. (...) na África, a narração de um conto se torna ainda mais viva com as exclamações do auditório, que repete, batendo palmas, a palavra de sentido dominante nos segmentos do conto, à maneira do *estribilho*. Se o narrador diz, por exemplo: "A tartaruga matou o leopardo!", o auditório repete: O leopardo! O leopardo! *Eis aí a forma primária do refrão, atestando a primitiva participação do coro da declamação do narrador.* [grifos nossos] (Spina, 1982, p. 35)

Pode ser essa a origem do que atualmente chamamos bordão, a repetição que o público faz das partes mais importantes da narrativa. Não por acaso, o bordão aparece na estrutura narrativa de um comercial sempre no final de um segmento ou no final do próprio comercial, de modo que o bordão configure-se como dominante na comunicação de determinada peça publicitária. Quando essa dominante é construída de forma a sugerir, a colocar as palavras na boca do consumidor, a atração para repetir as palavras ou expressões torna-se irresistível.

Independentemente de todo o desenvolvimento cultural da sociedade, da interferência dos meios de comunicação, a constante onipresença da *mass media,* a tentativa de participar da história, de viver o conto, é a mesma, de sorte que o ser humano traz intrínseca essa necessidade de fazer parte dos acontecimentos – seja co-narrando a história, seja repetindo seus pontos de maior intensidade. Essa capacidade de ser uma "fala" do receptor inserida na enunciação do emissor é, em nosso entender, um dos fatores de maior relevância que distingue o bordão do slogan e da assinatura de campanha.

Por essa razão, entendemos que o bordão publicitário é a frase verbal utilizada em publicidade, especialmente a eletrônica. É a frase repetida em alguns casos mais de uma vez no mesmo ato comunicativo, que encerra o conceito essencial que se quer transmitir sobre a marca anunciada ou a situação da personagem proposta em uma campanha específica; tende a ser uma expressão informal, coloquial e, por ser focada no destinatário, *tende a ser repetida pelo espectador*, devido ao seu conteúdo bem-humorado, inteligente ou contemporâneo.

Analisando os bordões bem-sucedidos, percebemos que a presença do humor é constante. O humor é característica típica do brasileiro e talvez o sucesso da introdução de um bordão esteja diretamente ligado à graça presente no texto ou na situação veiculados. Essa graça pode vir da situação, do personagem, de uma conclusão inesperada, do uso incomum da língua, mas, independentemente disso, a graça do bordão é aquela que faz sorrir, não gargalhar. Diz-se que o bom humor deve fazer cócegas na inteligência.

Mas por que, além de rir, repetimos a piada? O bordão? Buscamos o riso do outro? Shakespeare nos dá um bom indício para uma resposta quando em seu *Love's Labour's Lost* canta:

> *A jest's prosperity lies in the ear*
> *Of him that hears, never in the tongue*
> *Of him that makes it...*[1]

Ao estudar o princípio exposto nesse verso do mais famoso dos poetas, Sigmund Freud buscou entender as relações entre as pessoas que criam, ouvem e repetem as piadas. O pai da psicanálise procura compreender os mecanismos

[1] A fortuna de um gracejo reside no ouvido / de quem escuta, nunca na língua / de quem o faz...[tradução nossa].

envolvidos na elaboração e na transmissão dos chamados chistes. Segundo o psicanalista austríaco:

> (...) ninguém se contenta em fazer um chiste apenas para si. Um impulso de contar o chiste a alguém está inextricavelmente ligado à elaboração do chiste; de fato, o impulso é tão forte que freqüentemente se processa a despeito de sérias apreensões. (...) Um chiste (...) *deve* [grifo nosso] ser contado a alguém mais. O processo psíquico da construção de um chiste não parece terminado quando o chiste ocorre a alguém: permanece algo que procura, pela comunicação da idéia, levar o desconhecido processo de construção do chiste a uma conclusão. (Freud, 1969, p. 138)

Entendendo essa necessidade de contar o chiste para, na risada do outro, aliviar a própria tensão, Freud abre caminho para a compreensão do porquê as pessoas contam piadas, fazem chistes, repetem bordões, afinal *o prazer que o chiste produz é mais evidente na terceira pessoa que no criador do chiste* (Freud, 1995, p. 140).

No caso do bordão publicitário, trata-se de um chiste criado por um profissional, um redator publicitário, com o evidente objetivo de transmitir mensagens positivas acerca de determinado produto e que, de alguma forma, passa a ser repetido pelo cidadão, uma vez que a simples repetição do gracejo já lhe provoca algum prazer. Mais que prazer, a mera repetição deve dar ao falante algo do "espírito" do criador original do chiste. Como explica Freud (1995, p. 135):

> Embora a elaboração do chiste seja um excelente método de derivar prazer dos processos psíquicos, é, não obstante, evidente que nem todas as pessoas sejam capazes de utilizar tal método: a elaboração do chiste não está ao dispor de todos e apenas alguns dispõem dela consideravelmente; estes últimos são distinguidos como tendo "espírito" [*Witz*]. O "espírito" aparece nessa conexão como uma capacidade especial – mais do que como uma das velhas "faculdades" mentais; parece emergir inteiramente independente das outras, tais como inteligência, imaginação, memória etc.

Talvez por esse motivo a pessoa que não possui esse "espírito" referido pelo autor busque emprestar-lhe a inteligência, imaginação e memória por repetir suas "sacadas". É nesse sentido que entendemos a visão dos publicitários quando se referem ao bordão como "muletinhas de comunicação". Parece-nos claro que, além de ganhar tempo para pensar, formular uma idéia e responder a um questionamento, o bordão vai um pouco além, pois empresta ao usuário esse *Witz* mencionado por Freud. O consumidor que repete um bordão toma emprestado da empresa anunciante seu espírito e conquista, ao repetir o gracejo, a atenção e o sorriso de seus interlocutores.

A graça de um bordão, como um chiste, está exatamente na sua repetição. Quando cria para publicidade, o redator deve ter em mente não apenas a situação em que o consumidor recebe a mensagem, digamos, em casa, assistindo à TV, mas muito mais a situação em que o consumidor poderá repetir esse chiste, esse bordão, auferindo prazer do sorriso provocado nos outros.

Outro fator relevante na repetição dos bordões é o que informalmente definimos como "efeito panela". O "efeito panela", em nosso entender, encerraria um dos fatores determinantes do sucesso ou fracasso do bordão. A idéia que subjaz a esse efeito é um tanto semelhante ao efeito que as gírias provocam em grupos sociais distintos. A gíria é um

> dialeto usado por determinado grupo social que busca se destacar através de características particulares e marcas lingüísticas especialmente em nível lexical ou linguagem de marginais que, não sendo exatamente compreendida por outras classes sociais, costuma funcionar como mecanismo de coesão tribal e como código interativo entre tais grupos. (Houaiss e Villar, 2001)

A gíria é, portanto, um elemento de definição de quem pertence ou não a certo grupo, a determinada "panela". Se a gíria tem esse efeito delimitador do grupo, o "efeito panela" age de forma inversa. O bordão é, como a gíria, uma expressão que faz sentido para determinado grupo de pessoas; é o que os norte-americanos chamam *private joke*. A distinção reside no fato de que, por ser divulgado via *mass media* (na maioria dos casos por TV aberta), atingindo quase a totalidade dos habitantes do país (no caso brasileiro, a Rede Globo cobre

100% do território nacional), o bordão funciona (ou é compreendido) por praticamente todas as pessoas. Assim, embora tenha a aparência de pertencer a um grupo, já que a situação em que o bordão é encenado remete a um grupo social específico, o bordão acaba por ser compreendido e utilizado de modo geral pela população. A esse inteligente mecanismo de inclusão chamamos "efeito panela". As pessoas pensam que fazem parte de um grupo exclusivo que entende e utiliza determinado bordão, mas todas as pessoas o entendem e utilizam, ou seja, esse grupo é, na verdade, todo mundo. Todos fazem parte da panela.

A aplicabilidade de um bordão é crucial no sucesso comercial dessa ferramenta de comunicação. Pode-se dizer que um dos fatores determinantes para que o público aceite uma nova expressão é a sua flexibilidade de uso e a sua capacidade de adaptação. Um consumidor não irá adotar uma expressão que seja exclusiva de determinada situação conversacional. É necessário que essa nova expressão sirva em uma infinidade de situações diferentes. Assim como uma pecinha do tradicional brinquedo Lego, o bordão deve ser "encaixável" no maior número possível de situações para que o consumidor decida (mesmo que inconscientemente) a adotá-lo. Um bom bordão serve ao seu usuário de várias maneiras. Um bom bordão tem 1001 utilidades.

Fonte: Bombril.

Outra característica intrínseca dos bordões bem-sucedidos é a existência de duplo sentido. Mesmo que não haja, no texto original, uma leitura dúbia, bordões aceitam, freqüentemente, uma leitura sensualizada da expressão. É fato que a grande maioria dos bordões de sucesso são "Legos" que permitem encaixe em situações conversacionais nas quais o sexo permeia a discussão. Até porque o humor é uma técnica recorrente de sedução e o uso de frases ambíguas e bem-humoradas é uma maneira segura de aproximação. Para exemplificar, vejamos o bordão da cervejaria Kaiser "Merece uma Kaiser", que foi divulgado sempre comparando belas mulheres ou rapazes fortes, "sarados", como aqueles que "merecem uma Kaiser". Mesmo em bordões nos quais não se sugeriu em sua comunicação publicitária o uso sensualizado, podemos encontrar usos atribuídos pelo consumidor em que uma visão sensualizada passa a permear o sentido da frase. Tome-se o bordão "Não é assiiim... uma Brastemp", claramente voltado para a comparação entre duas marcas de eletrodomésticos, mas que o consumidor passou a utilizar para avaliar, por exemplo, o corpo de uma garota ou a *performance* sexual de um rapaz.

O bordão é esse conglomerado de fatores, por isso é tão difícil de ser criado e ao mesmo tempo é uma poderosa ferramenta de comunicação. Mesmo tendo em mente que não podemos impor um modo verbal, que a publicidade não tem o poder de implantar um bordão, podemos considerar que, se quisermos fixar nossa marca na mente do consumidor, o bordão é uma boa opção. A forma de maximizar as chances de ter um bordão adotado pela população está em tentar criar uma frase que contenha as características aqui propostas. Se delimitarmos sucintamente os fatores que compõem um bordão por ordem de importância, diríamos que em primeiro lugar deve *ser uma frase para ser dita pelos consumidores em suas conversações cotidianas, ou seja, focada no destinatário, uma frase em que predomine a função conativa. Essa frase deve ser curta, sonora, inesperada. Deve servir a uma infinidade de propósitos, configurando-se como um coringa da linguagem. Convém que seja engraçada e sensualizável. Se possível, trazer em seu corpo o nome da marca anunciante; finalmente, um bordão deve ser veiculado insistentemente e apresentado de várias maneiras para que o consumidor aprenda a utilizá-lo em diversas situações.*

Como já foi dito, não se pode garantir o sucesso de um bordão, já que sua adoção pela população é uma incógnita. Contudo, se bem construído, interessante, engraçado e se seguir os preceitos aqui propostos, um publicitário terá maiores chances de obter sucesso por meio da criação de bordões. Paralelamente, as frases próprias de uma marca – mesmo se não se tornarem bordões

– acabam por criar um modo de comunicar uma "gramática da marca", fundamental no processo de diferenciação das concorrentes. Uma campanha publicitária que não atinja o sucesso de um bordão ainda assim terá conquistado a diferenciação ao criar esse modo único de comunicar tão importante em uma época em que produtos e serviços se tornam cada vez mais parecidos. A decisão do consumidor acerca desta ou daquela marca é muito mais baseada na relação que ele estabelece com a marca, na maneira da marca se comunicar, na sua personalidade, do que propriamente nos atributos do produto. Bordões, slogans e assinaturas de campanha são poderosos aliados nesse processo. Cada um com suas características, cada um com seus objetivos, essas maneiras de concluir a comunicação têm tido cada vez maior importância nos processos de comunicação publicitária.

A seguir, estabeleceremos um quadro comparativo das especificidades de cada um desses modos de fechar campanhas, buscando auxiliar o leitor na apreensão das distinções de cada um deles, suas funções e resultados esperados na tentativa de contribuir para a formação de planejadores de comunicação e criadores publicitários mais conscientes e capazes.

5

Comparativo entre os modos de fechar um anúncio

É sempre perigoso formatar conhecimento para que caiba em tabelas. Em especial quando se trata de categorias tão assemelhadas como o bordão, o slogan e a sustentação de campanha. Ainda mais se levarmos em conta que essas categorias têm evoluído com a história da propaganda, ou seja, fazem juntas parte de amplo movimento na maneira como os meios de comunicação de massa são tratados pelos profissionais de comunicação, e não há motivos para duvidar da evolução contínua da propaganda. Ainda assim, até para fins didáticos, é possível propor um quadro distintivo das características dessas três maneiras de causar uma última impressão nos consumidores.

Ressaltamos que existem momentos em que uma mesma frase já ocupou os três lugares, como é o caso já citado do atual slogan da Bombril, que começou como assinatura de campanha, evoluiu para bordão e assentou-se como slogan da marca. Nesses 30 anos, a publicidade evoluiu intensamente, assim, empresas que mantiveram suas plataformas de comunicação em muitos momentos tiveram de ajustar os papéis de seus elementos de comunicação. Dito assim, reforça-se a idéia de que esses três modos de concluir um anúncio se interpenetram e se completam na construção da mensagem.

A seguir, apresentamos um quadro comparativo entre assinatura de campanha, slogan e bordão, buscando oferecer elementos para distinção entre os conceitos.

Quadro 5.1 Comparação entre assinatura, slogan e bordão

Característica	Assinatura de campanha	Slogan	Bordão
Frase curta	X (pode ser mais longa que os outros)	X	X
Humor	X		X
Formal		X	
Função de linguagem	Referencial	Emotiva	Conativa
Direcionada para	Campanha	Marca	Consumidor
Durabilidade	Baixa	Longa	Muito longa quando se torna expressão
Impacto sobre lembrança da marca	Baixo	Médio	Alto
Facilidade de implantar	Fácil	Médio	Difícil
Função principal	Conclusão	Posicionamento	Memorização

Temos, em todos os casos, frases curtas e poderosas, mas distintas quanto ao conteúdo. Enquanto o slogan tende a ser mais sério e formal, o bordão quase sempre utiliza o humor, é mais coloquial e direto. A assinatura, por sua vez, é direta, voltada para a campanha, podendo ser bem-humorada, mas seu foco principal é a conclusão do raciocínio proposto pelo anúncio. Poderíamos dizer que o bordão é mais pessoa física, gente; o slogan é mais pessoa jurídica, empresa; a assinatura, por outro lado, é mais o próprio anúncio, a própria mensagem. Essa característica de sobriedade presente em muitos slogans talvez seja um dos fatores que os afastem da coloquialidade tão necessária para que um bordão seja repetido.

Outra característica distintiva dos elementos é que o slogan concentra-se na própria empresa, ou seja, segundo a teoria das funções da linguagem de Jakobson (1991), o slogan é predominantemente "função emotiva", mais autocentrado, cujo objetivo é mostrar ao mundo a que veio determinada empresa, externar sua imagem e deixar claro seu posicionamento. Já o bordão foca-se totalmente no consumidor. Nele predomina a função conativa de Jakobson. Tanto voltado para o consumidor é o bordão que sua característica máxima é exatamente ser repetido pelo consumidor. O bordão "quer ser repetido", é uma piada pronta para ser utilizada, é o *Witz* freudiano, a muletinha de comunicação para os publicitários, o foco no destinatário segundo os lingüistas. O bordão é a voz do consumidor inserida na enunciação da empresa. Já a assinatura, embora remeta ora ao consumidor, ora ao produto, tende para a função referencial, pois se refere ao ato de comunicação que se encerra, é a conclusão que remete ao título ou à proposição daquela peça.

Nenhum deles, entretanto, é responsável pela oferta, pela venda efetiva do produto. Em alguns casos, o criativo opta por fazer uma assinatura com grande teor de vendas, uma peroração dirigida diretamente ao processo de compra é o que se chama no mercado *call to action*. Utilizando verbos no imperativo – compre, prove, comprove, experimente, venha – a assinatura, muitas vezes, acaba por evocar uma oferta final. Convém ressaltar que, se, de um lado, é uma maneira "mais vendedora" de fechar o anúncio, de outro, perde em construção da mensagem da linguagem da marca. Uma assinatura do tipo "oferta" aproxima a comunicação de uma marca do lugar comum, do padrão tão próprio do varejo que desvaloriza as marcas ao dar preponderância ao preço.

Enquanto o bordão existe para concluir um pensamento expresso na campanha, o slogan concentra-se no posicionamento da marca, na forma como ela aparece na mente do consumidor. O slogan não varia de campanha para campanha e mantém-se por longos períodos. Sua alteração é necessária somente se a empresa precisar mudar seu posicionamento, seja por movimentação entre os concorrentes, seja por mudanças no comportamento do consumidor. Alguns slogans chegam a durar décadas.

Já os bordões e as assinaturas têm, em princípio, durabilidade mais restrita. Duram enquanto a campanha é veiculada. Naturalmente, quando atinge seu ápice ao transformar-se em linguagem popular, o bordão se desprende da necessidade de veiculação da campanha publicitária para continuar sendo repetido. Nesse caso, ele passa a ser uma estrutura autônoma, com vida própria e, por vezes, com alteração de sentido pelo uso dado pela população. Assim ocorreu com bordões famosos, como a lei de Gerson ("Você é como eu: gosta de levar vantagem em tudo"), e o efeito Orloff ("Eu sou você amanhã"), que passaram a designar eventos negativos no cotidiano da população. Nesse caso, a durabilidade de um bordão vai muito além da do slogan, pois cruza décadas na boca do povo.

Ainda assim, bordões possuem uma limitação temporal que os diferencia dos tradicionais ditos populares. Os bordões, mesmo quando absorvidos pela população, têm durabilidade do uso restrita ao grupo popular que foi mais impactado pela propaganda da época de sua veiculação; assim, poderíamos dizer que bordões transformados em expressões envelhecem junto com a população que o utiliza, algo equivalente às gírias, que denotam a faixa etária de quem as utiliza. Slogans, por oposição, são mais atemporais. Como não se transformam em enunciados fundadores, os slogans permanecem *à coté,* ao largo da comunicação oral cotidiana. Dessa forma, são mais duradouros e menos vinculados ao período de veiculação das campanhas. A grande vantagem do bordão sobre o slogan e a assinatura é essa capacidade única de romper as fronteiras da propaganda paga e comprada para penetrar no campo da linguagem oral, tornar-se expressão popular e ser veiculado gratuitamente. Marcondes refere-se ao modelo de propaganda proposto pela agência W/Brasil por seu idealizador e provavelmente o mais renomado publicitário brasileiro, Washington Olivetto, que "acredita que a melhor propaganda é aquela que se transforma em mote popular" (Marcondes, 2002, p. 105). O bordão seria, dessa forma, a ponta de lança, a grande ferramenta para alcançar esse objetivo. A assinatura de campanha, por sua vez, não consegue esse nível de penetração no dia-a-dia da população e por isso fica restrita ao período de veiculação da campanha, que pode ser curto, com uma ação pontual visando a situações concorrenciais específicas, ou pode ser relativamente longo, desde que a situação da concorrência e do consumidor não se altere e a abordagem proposta pela comunicação tenha sido bem recebida pelo consumidor. Nesse caso, um mesmo padrão de comunicação irá se repetir por muitos anos sem, contudo, a assinatura transformar-se em dito popular.

Como exposto anteriormente, o bordão é uma ferramenta que permite níveis altíssimos de memorização da marca anunciante, comparáveis apenas aos refrões de músicas ou, no caso publicitário, de *jingles*. Quando acompanhamos a migração da audiência e conseqüentemente da verba publicitária do rádio para a TV, o velho e bom recurso de memorização presente nos refrões dos *jingles* teve de ser substituído por uma nova forma de lembrar o consumidor da marca anunciante. Talvez o bordão mais óbvio nesse sentido seja o famoso "Não esqueça da minha Caloi", criado por Rui Agnelli para a tradicional marca de bicicletas. Além de dizer textualmente "Não se esqueça", insere a marca anunciante (Caloi). A campanha que embalou esse bordão foi construída de forma a ensinar as crianças a lembrarem seus pais do presente desejado, deixando bilhetes nos lugares mais improváveis, sempre repetindo o bordão "Não esqueça da minha Caloi". Existem bordões que não nomeiam diretamente o anunciante, como é o caso de "Bonita camisa, Fernandinho" (US Top) ou "Pois é" (Vimave), porém, a capacidade interdiscursiva do indivíduo se encarrega de construir a ponte entre o bordão e a marca, desde que a marca se mantenha na mente do consumidor via propaganda. Note-se, contudo, que os bordões sem o nome da empresa são, geralmente, os de segunda geração, ou seja, bordões que aconteceram quase por acaso, enquanto na sua geração mais recente os publicitários buscaram sempre associar o nome da marca anunciante à expressão do bordão para não precisar confiar na capacidade do consumidor de relacionar uma expressão à sua marca. Com isso, queremos reforçar a idéia de que quando um bordão torna-se expressão popular, necessita de apoio constante da publicidade para manter o elo interdiscursivo existente entre a marca anunciante e a expressão. Do contrário, teríamos bordões dos quais as marcas anunciantes não mais se beneficiariam, pois o consumidor deixa de relacionar a expressão à marca. Para exemplificar esse caso, temos o "Que chuva, não?!?", da Shell, e o famoso "Nós viemos aqui pra beber ou pra conversar?" da Antarctica, que por terem sido tirados do ar há mais de dez anos, não mais estabelecem a relação com a marca anunciante.

Entretanto, se considerarmos que uma das funções do bordão é aumentar a memorização da marca anunciante, ele tende a ter em seu texto o nome da marca ou do produto que se quer gravar na mente do consumidor. Esse recurso consegue aumentar a memorização da marca anunciada e conquista, ao ser repetido, a tão desejada publicidade gratuita. Assim, a maioria dos bordões diz textualmente a marca anunciante: "Não é assiiim... uma Brastemp", "Põe na Consul", "Tomou Doril, a dor sumiu" e "Deu duro? Tome um Dreher", entre tantos outros. Essa característica também o distingue dos slogans que, em sua maioria, não citam textualmente a marca, até porque sua diagramação geralmente os coloca ao lado ou abaixo da logomarca, dispensando a necessidade de repetir o nome do anunciante. Exemplificando esse fato, temos os slogans do Banco Itaú "Pronto para o futuro" (até 2002) e "Feito para você" (da campanha atual), da Volkswagem "Você conhece. Você confia" e, mais recentemente, "Perfeito para a sua vida", ou da *Folha de S.Paulo*, "Não dá para não ler", "Porque a vida é agora", da Visa, ou ainda, "O sol nasceu para todas", de Dove. Acreditamos que no caso dos slogans não há a necessidade de citar textualmente o anunciante por dois motivos: 1) como já foi dito, o slogan é sempre colocado ao lado ou abaixo da logomarca anunciante, não sendo, portanto, necessário repetir a marca; 2) a função do slogan é posicionamento e não memorização, portanto, torna-se desnecessário martelar a marca.

Sustentações de campanha, por sua vez, tendem a concentrar seu foco na idéia, na mensagem e, raramente, pode-se associar de forma direta a idéia à marca anunciante sem criar com isso um texto um tanto inorgânico. Some-se a isso o fato de, por estar diagramada no final do anúncio, a assinatura também beneficia-se da proximidade da logomarca estando escusada de repetir o nome do anunciante. Como o slogan, nesse caso, sua função não é fazer memorizar a marca, mas sim fechar a idéia proposta no título.

O humor também é um fator fundamental para o sucesso de um bordão. Consideramos que o humor funciona como uma troca de "favores" entre empresa e consumidor. De um lado, a empresa, por meio de sua agência de propaganda, cria, veicula e dá ao falante uma piada, uma "sacadinha", uma graça, para que ele a utilize e, com ela, se alegre e faça sorrir seu interlocutor. Do outro, o consumidor cita a marca textualmente ou, ao menos, interdiscursivamente quando repete o mote da empresa, fazendo uma referência direta ou indireta à marca anunciante. É um jogo ganha-ganha. Ganham os dois lados, por isso é um jogo bem-sucedido.

Outro fator diferenciador do bordão é que, para ter sucesso, deve ser uma frase coringa, isto é, uma expressão que sirva em diversas situações conversacionais, de forma que o consumidor tenha muitas oportunidades para empregar essa frase feita. Dessa maneira, um bordão se torna útil para o consumidor, pois soluciona várias necessidades de comunicação cotidianas. Por essa razão, para o falante passa a valer a pena decorar e utilizar essa piadinha pronta.

Mas não basta ser uma expressão coringa. É necessário que o bordão transmita ao falante a noção de contemporaneidade, que soe atual, que empreste ao falante certa aura de modernidade, que o apresente como alguém que "está por dentro" do que se passa no mundo da comunicação. O indivíduo que enuncia o bordão quer ser visto como formador de opinião, sujeito antenado com todas as novidades. No contraponto, a agência que cria e administra a veiculação da campanha publicitária deve estar atenta para que seu bordão mantenha-se com essa aura de contemporaneidade. Um bordão não pode envelhecer, sob o risco de virar ao avesso a relação exposta anteriormente, ou seja, o usuário de um bordão antigo é associado com tudo o que é velho, ultrapassado, *démodé*.

O bordão é utilizado enquanto for *cool* para o falante utilizá-lo. Mas só faz sentido se o interlocutor compreender o que é dito, a graça inserida no bordão, seu duplo sentido, sua referência interdiscursiva. O bordão é uma "muleta de comunicação", mas é uma muletinha "descolada".

Ao projetar uma plataforma de comunicação, o criativo deve ter em mente, em primeiro lugar, qual o alcance projetado pela campanha. Alcance aqui não no *stricto sensu* da abordagem de mídia, mas em uma perspectiva mais ampla de qual é o poder de fogo que determinado anunciante está disposto a investir em comunicação. Essa leitura permitirá ao publicitário, logo de saída, saber se poderá propor uma linha de comunicação que contemple o uso do slogan e/ou bordão e/ou assinatura. Geralmente, o slogan faz parte de um projeto de posicionamento da empresa a longo prazo e, por esse motivo, não necessita de grande veiculação *per se*, mas de constância de abordagem, de posicionamento diante do mercado e da concorrência.

A assinatura é uma solução a ser utilizada quando se projeta uma série de anúncios para apresentar todos os produtos de uma linha, para apresentar a marca a diferentes consumidores ou quando se pretende atingir o consumidor com grande freqüência, mas sem irritá-lo pela redundância. Uma série de anúncios diferentes, com diagramações similares e mantendo a mesma assinatura de campanha, será um modo eficaz de transmitir a mensagem sem distração e com criatividade.

Finalmente, o bordão é uma estratégia a se tentar quando se tem uma marca com capacidade de investimento para manter a comunicação com altos índices de exposição por longo tempo. Será tarefa da criação construir séries de anúncios ou comerciais que, além de repetir sem redundar, consigam, com humor, ensinar o consumidor a utilizar determinada frase em diferentes situações. Por mais que não se tenha garantia de que a população aceitará e adotará uma expressão, nós, profissionais de publicidade, podemos facilitar as coisas para o consumidor e torcer para que ele entenda nosso bordão como uma maneira de se mostrar atualizado e engraçado, para que adote nossa expressão.

O que importa, em última análise, para o planejador e o criativo em comunicação não é apenas converter o investimento em comunicação em vendas imediatas, já que, nesse caso, as vendas tendem a cair tão logo pare a veiculação. O que de fato faz diferença no processo de comunicação atual é a construção de um modo de comunicar que seja único e exclusivo, que seja a "cara" da marca. A construção dessa "gramática da marca" passa necessariamente pela criação de slogans que transmitam com eficiência o posicionamento, assinaturas que concluam inteligentemente as peças de comunicação e bordões que grudem na cabeça dos consumidores.

Este livro tem por proposição ajudar os profissionais de publicidade a entender melhor como funciona cada um desses elementos e com isso facilitar os processos de criação em um mercado tão competitivo como é o mercado da publicidade brasileira. Acreditamos que no ambiente multicomunicacional em que vivemos, com hordas de anunciantes apregoando mais e mais alto os benefícios de seus produtos, o mero aumento do volume da comunicação não será suficiente para fazer valer o processo de comunicação. É muito fácil propaganda virar ruído. O bom profissional de propaganda, atualmente, necessita ter total domínio dos fatores que interferem e enriquecem a construção da mensagem para fazer que ela chegue à mente do consumidor com o mínimo de dispersão. Não é apenas uma questão de escolhas e volumes de mídia, mas, principalmente, de construção eficiente da mensagem. Esperamos, de alguma forma, ter contribuído para formar criativos mais eficazes no domínio da técnica de construção de fechos de anúncios diferentes. Afinal, a última impressão é a que fica.

Bibliografia

AULETE, C. F. J. *Dicionário contemporâneo da língua portuguesa.* 3. ed. Lisboa: Pinto Basto, 1948.

CARRASCOZA, J. A. *Redação publicitária.* São Paulo: Futura, 2003.

________. *A evolução do texto publicitário.* São Paulo: Futura, 2003.

________. *Razão e sensibilidade.* São Paulo: Futura, 2004.

CONTRERA, M. et al. *Publicidade e cia.* 1. ed. São Paulo: Thomson Learning, 2003.

FERRELL, O. C. et al. *Estratégia de marketing.* 1. ed. São Paulo: Atlas, 2000.

FIGUEIREDO, C. *Redação publicitária*: sedução pela palavra. 1. ed. São Paulo: Thomson Learning, 2005.

FIGUEIREDO NETO, C. *Muletinha de comunicação*: um estudo do bordão como elemento de comunicação oral. 2003. 131f. Dissertação (Mestrado) – Universidade Presbiteriana Mackenzie, São Paulo.

FREUD, S. *Os chistes e sua relação com o inconsciente.* 2. ed. Rio de Janeiro: Imago, 1995.

HOUAISS, C.; VILLAR, M. de S. *Dicionário Houaiss da língua portuguesa.* 1. ed. Rio de Janeiro: Objetiva, 2001.

IASBECK, L. C. *A arte dos slogans.* As técnicas de construção das frases de efeito do texto publicitário. 1. ed. São Paulo: Annablumme, 2002.

JAKOBSON, R. *Lingüística e comunicação.* São Paulo: Cultrix, 1991.

McLUHAN, M. *Os meios de comunicação como extensão do homem.* São Paulo: Cultrix, 1971.

McLUHAN, M. *McLuhan por McLuhan.* 1. ed. Rio de Janeiro: Ediouro, 2005.

MACHADO, A. *Máquina & Imaginário.* São Paulo: Edusp, 1993.

MAINGUENEAU, D. *Análise dos textos de comunicação.* São Paulo: Cortez, 2002.

MARCONDES, C. F. *Televisão.* 1. ed. São Paulo: Scipione, 1994.

MARCONDES, P. *200 anos de propaganda no Brasil.* São Paulo: Meio & Mensagem, 1995.

________. *Uma história da propaganda brasileira.* 2. ed. Rio de Janeiro: Ediouro, 2002.

MARTINS, Z. *Propaganda é isso aí.* 1. ed. São Paulo: Futura, 1999.

MIERAU, C. *Accept no substitutes*: the history of American advertising. 1. ed. Minneapolis: Lerner, 2000.

MORAIS, F. *Na toca dos leões.* 1. ed. São Paulo: Planeta, 2005.

OGILVY, D. *Confissões de um publicitário.* Rio de Janeiro: Bertrand Brasil, 1993.

________. *A publicidade segundo Ogilvy.* São Paulo: Prêmio, 1985.

PEDREBON, J. et al. *Curso de propaganda*: do anúncio à comunicação integrada. 1. ed. São Paulo: Atlas, 2004.

PINTO, A. *Publicidade*: um discurso da sedução. Porto: Porto Editora, 1997.

RABAÇA, C. A.; BARBOSA, G. G. *Dicionário de comunicação.* 2. ed. Rio de Janeiro: Campus, 2002.

RAMOS, R. *Do reclame à comunicação.* 4. ed. São Paulo: Atual, 1987.

REBOUL, O. *O slogan.* 1. ed. São Paulo: Cultrix, 1975.

RIES, A.; TROUT, J. *Posicionamento.* A batalha pela sua mente. São Paulo: Pioneira, 1996.

SHIMP, T. A. *Propaganda e promoção.* 5. ed. Porto Alegre: Bookman, 2002.

SPINA, S. *No alvorecer das formas poéticas.* São Paulo: Cultrix, 1982.

THOMPSON, J. B. *A mídia e a modernidade*: uma teoria social da mídia. 6. ed. Petrópolis: Vozes, 2004.

Crédito das imagens

p. 7 – Anúncios das Pílulas De-Lussen, do Creme Brancol e do Maraval (Fonte: http://www.ipct.pucrs.br/letras/index_allglobo.shtml#revglobo) • **p. 8** – Anúncio do Xarope São João (Fonte: arquivo pessoal) • **p. 9** – Anúncios do Biotônico Fontoura e da cerveja Antarctica (Fonte: arquivo pessoal) • **p. 10** – Anúncios da calculadora Burroughs, do sabonete Gessy e do refrigerante Crush (Fonte: arquivo pessoal) • **p. 11** – Anúncio do sabonete Lever (Fonte: http://www.ipct.pucrs.br/letras/index_allglobo.shtml#revglobo); Anúncios da margarina Saúde, do automóvel DKW e da calça Far-west (Fonte: arquivo pessoal) • **p. 14** – Anúncios do absorvente íntimo o.b. e das concessionárias Chevrolet (Fonte: DPZ); Anúncio da companhia aérea Air France (Fonte: Air France Brasil) • **p. 15** – Anúncio do cigarro Charm (Fonte: DPZ) • **p. 16** – Anúncio lojas Arapuã (Fonte: Arapuã) • **p. 17** – Anúncio companhia aérea Panam (Fonte: AlmapBBDO); anúncio da vódka Wyborowa (Fonte: www.ccsp.com.br / Criação: Washington Olivetto); anúncio do vinho Lejon (Fonte: DPZ) • **p. 18** – Anúncio dos edredons Artex (Fonte: DPZ); anúncio das lingeries Valisère (Fonte: www.ccsp.com.br) • **p. 19** – Anúncio do refrigerante Antarctica (Fonte: www.ccsp.com.br); anúncio do picolé Kibon (Fonte: www.ccsp.com.br) • **p. 20** – Anúncio do refrigerante Diet Pepsi (Fonte: www.ccsp.com.br) • **p. 21** – Anúncio do jornal *O Estado de S.Paulo* (Fonte: www.ccsp.com.br) • **p. 26** – Anúncio do banco Citbank (Fonte: Agência Fallon) • **p. 30, 31** e **32** – Anúncios da cerveja Brahma Light (Fonte: F/Nazca) • **p. 36** – Anúncio dos produtos à base de soja All Day (Fonte: Bunge Brasil) • **p. 38** – Anúncio do site de comércio de vinhos 1855 (Fonte: www.1855.com) • **p. 41** e **42** – Anúncios do jornal *O Estado de S.Paulo* (Fonte: Agência Talent) • **p. 47** – Cartaz de propaganda política francesa (Fonte: arquivo pessoal) • **p. 48** – Cartazes de propaganda militar americana (Fonte: Biblioteca da Northwestern University) • **p. 49** – Cartazes de propaganda militar alemã (Cortesia de Dr. Robert D. Brooks) • **p. 50** – Cartazes de propaganda política alemã (Cortesia de Dr. Robert D. Brooks) • **p. 51** e **52** – Cartazes de propaganda política russa (Fonte: arquivo pessoal) • **p. 63** – Outdoors dos produtos cosméticos Dove (Fonte: Unilever Brasil) • **p. 65** – Outdoors do banco Itaú (Fonte: Banco Itaú) • **p. 73** – Anúncio do refrigerante Grapette (Fonte: Saborama Sabores e Concentrados Ltda.) • **p. 75** – Anúncio da bicicleta Caloi (Fonte: Caloi) • **p. 77** – Anúncio da camisa US Top (Fonte: www.estacaodapropaganda.com.br) • **p. 84** – Anúncio da esponja de aço Bombril (Fonte: Bombril).

Impressão e Acabamento
Bartira
Gráfica
(011) 4123-0255